어린이를 위한
정직

바르게 살아가는 힘

어린이를 위한
정직

글 우봉규 그림 이윤선

위즈덤하우스

 **추천의 글**

정직한 사람이 더 크게 성장할 수 있습니다

'정직'이란 단어를 접하면 그것이 중요하다는 것을 알면서도 왠지 답답하고 부담스러운 생각부터 먼저 듭니다. 아마도 자라면서 부모님이나 선생님들로부터 '거짓말하는 것은 잘못'이라는 얘기를 많이 들었고, 어쩌다 거짓말한 것이 들통 났을 적엔 호된 꾸중과 함께 무섭게 벌을 받았던 경험 때문일 것입니다.

하지만 정직하라고 그토록 엄하게 교육받았음에도 불구하고 많은 사람들이 정직에 대해 이중적인 태도를 지니고 있습니다. 거짓말은 나쁘고 해서는 안 되지만, 나만 정직하면 괜히 손해를 본다고 생각하기도 합니다. 실제로 살면서 약간의 속임수로 당장의 이득을 보는 그런 경우도 있습니다. 그러다 보니 정직이란 그저 도덕 교과서의 한 구절처럼 '맞는 말이긴 한데 현실과는 거리가 먼' 경구처럼 느껴지는 게 사실이지요.

그러나 정직은 단지 고리타분한 도덕 교과서의 내용이 아닙니다. 정직은 내가 올곧고 더 크게 자라날 수 있는 토양과 같습니다. 나무가 자랄 때 어떤 토양에서 자라느냐에 따라 달라지듯이 어떤 마음을 가

지느냐에 따라 먼 미래에 어떤 사람으로 성장할지 결정됩니다. 거짓된 사람은 결코 크게 성장할 수 없습니다. 사람들의 신뢰를 얻을 수 없기 때문이지요. 건강한 토양, 즉 정직한 마음을 가질 때만이 더 크게 자랄 수 있습니다.

이 책에서는 선우의 이야기를 통해 현실에서 누구나 경험할 수 있는 여러 가지 형태의 거짓의 모습을 보여 줍니다. 우리는 살면서 의도했든 의도하지 않았든 간에 수많은 거짓을 행합니다. 선우와 선우를 둘러싼 가족들, 친구들 역시 마찬가지입니다. 하지만 어떤 이유로 시작되었건 결국 그 모든 거짓은 우리의 삶을 일그러뜨리고 당장의 이익보다 더 큰 불행을 가져오게 됩니다. 이 책은 단지 거짓이 나쁘다는 것을 이야기하는 데 그치지 않고, 정직이 왜 중요한지 일깨워 줍니다.

부모님도 아이들과 함께 이 책을 읽어 보시길 권합니다. 각 단락마다 함께 이야기해 볼 만한 대목들이 있거든요. 이 책을 통해 요즘 같은 경쟁 시대에서 자칫 소홀히 여길 수 있는 정직의 진정한 의미와 가치에 대해 새롭게 발견하고, 되새길 수 있는 계기가 되기를 바랍니다.

이민식 마음과 대화 연구소 소장, 《아빠, 내 마음이 왜 그래?》저자

차 례

추천사…4
정직한 사람이 더 크게 성장할 수 있습니다

정직 하나 거짓말을 하지 않는 것

1 텅 빈 답안지…10

2 구봉산 재실의 할아버지…15

3 몸빵파의 고난…29

정직 둘 규칙과 질서를 스스로 잘 지키는 것

4 종기 형과의 약속…44

5 거짓말쟁이 선우…67

6 지은이의 생일…81

정직 셋 스스로의 양심을 깨끗이 지켜 나가는 것

7 정말 우리 아빠 미국에 있어?…98
8 고모의 방문…109
9 마음의 병…120

정직 넷 사랑하는 마음을 갖는 것

10 아빠가 보낸 뉴욕 엽서…150
11 세상에서 가장 아름다운 아빠…168
12 별…182

작가의 말…190
세상에서 성공하기 위해 꼭 필요한 인성, 정직!

• 정직 하나 •

거짓말을 하지 않는 것

정직의 가장 기본은 거짓 없이 사실대로 말하는 것입니다.
이게 바로 사람들이 흔히 생각하는 정직이지요.

하지만 선우는 선생님에게 거짓말을 합니다.
선우는 왜 선생님에게 거짓말을 하고,
그 사실을 안 선생님은 어떻게 했을까요?

바르게 살아가는 힘_정직

텅 빈 답안지

다른 아이들과 다른 텅 빈 자신의 답안지가 보였습니다.
결국 선우는 종오의 답안지를 그대로 베꼈습니다.

　선우는 요즘 공부를 하지 않았습니다. 일 년만 지나면 그토록 손꼽아 기다리던 날이 오기 때문입니다. 선우의 마음은 하늘을 둥둥 날아다닐 정도입니다. 하루하루가 그렇게 느리게 갈 수가 없었습니다. 일어나서는 물론이고, 자기 전에도 달력을 보는 것이 일과가 되어 버렸습니다. 당연히 공부야 딴 세상일입니다. 곧 미국으로 갈 텐데, 그까짓 공부는 해서 뭐 하나 하는 생각도 들었습니다. 그래서 요즘 신나는 컴퓨터 게임에 정신이 빠져 있는지도 모릅니다.
　그런데 하필이면 바로 이때 선생님이 갑자기 시험을 보겠다고 문제지를 돌렸습니다. 아뿔싸, 엄마의 얼굴이 떠올랐습니다. 지난 시험 때 이번엔 좋은 성적을 받겠다고 철석 같이 약속했는데……. 아이들은 모두 정답을 쓰느라고 바빴습니다. 그러나 선

우의 답안지는 텅 비어 있습니다. 선우는 두 팔로 머리를 싸매고는 고개를 푹 숙였습니다.

옆자리에 앉는 종오가 선우가 괴로워하는 것을 보더니 선우의 팔을 쿡쿡 찔렀습니다. 종오는 공부를 썩 잘하는 아이입니다. 어떡할까? 종오가 슬쩍 자신의 시험지를 들었습니다. 선우는 고개를 흔들었습니다. 그러자 종오가 다시 선우의 팔꿈치를 찔렀습니다. 선우는 갈등하기 시작했습니다. 이러지도 저러지도 못했습니다. 선우는 시험지와 싸우는 것이 아니라 자신과 싸우고 있었습니다. 언제나 그랬듯이 선생님은 시험 감독을 하면서 책을 보고 있었습니다.

"봐."

종오가 아주 작게 말했습니다. 선생님에게 들킬 위험을 무릅쓰고 말입니다. 종오가 너무 고마웠습니다. 다른 아이들은 보여 달라고 해도 안 보여 주는데……. 그래도 선우는 그럴 수 없었습니다. 그전에 보았던 책의 내용이 자꾸 머리에 떠올랐습니다. 안창호 선생님, 금도끼와 은도끼에 나오는 나무꾼 아저씨. 선생님은 아이들이 누가 공부를 잘하는지 못하는지를 훤하게 알고 있었습니다. 선우는 다시 고개를 흔들었습니다.

그러나 다른 아이들과 달리 텅 빈 자신의 답안지가 보였습니다. 결국 선우는 종오의 답안지를 그대로 베꼈습니다. 그런 사실을 아는지 모르는지 선생님은 여전히 책을 보고 있었습니다. 종오가 답안지를 다 쓴 선우를 쳐다보며 싱긋 웃었습니다. 그렇지만 선우의 얼굴은 종오처럼 밝지 못했습니다.

마침내 시험이 끝났습니다. 그러나 다른 아이들이 답안지를 다 낼 때까지 선우는 얼굴이 빨갛게 된 채 그냥 자리에 앉아 있었습니다. 일 초가 하루 같았습니다. 손과 이마에 땀이 배었습니다.

"박선우!"

선생님이 선우를 불렀습니다. 그때까지 답안지를 내지 못한 아이는 선우 하나밖에 없었습니다.

"네."

선우는 마지못해 답안지를 들고 선생님 앞에 나갔습니다. 답안지를 든 선우의 손이 떨렸습니다. 그 순간 선우의 머릿속에는 온갖 생각이 떠올랐습니다. 선우는 조심스럽게

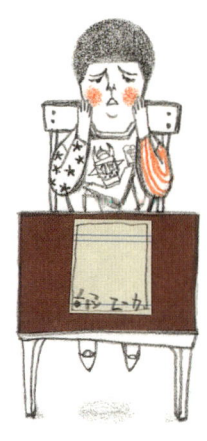

선생님에게 답안지를 내밀었습니다.

"늦었네."

선생님은 아무렇지도 않게 답안지를 받았습니다.

"선생님?"

선우의 목소리가 답안지를 들었던 손처럼 떨렸습니다.

"응?"

선생님은 무심히 선우를 쳐다보았습니다.

"저……."

"왜?"

"전 종오 답안지를 보고……."

선생님은 더듬거리는 선우의 말을 다 듣지도 않고, 환하게 웃으며 머리를 쓸어 주었습니다. 선우도 그제야 선생님을 바라보며 씩 웃었습니다. 휴우. 선우는 교실을 나오면서 홀가분한 한숨을 내쉬었습니다. 선생님을 속일 수는 없었습니다.

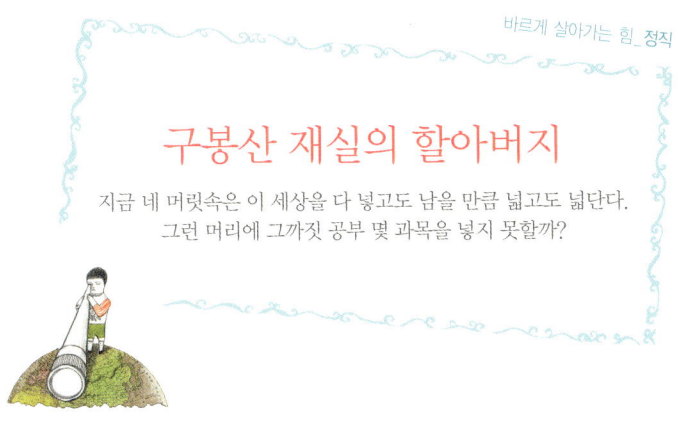

구봉산 재실의 할아버지

지금 네 머릿속은 이 세상을 다 넣고도 남을 만큼 넓고도 넓단다.
그런 머리에 그까짓 공부 몇 과목을 넣지 못할까?

구봉산 가는 길은 봄이 가장 아름답습니다. 산은 연한 초록으로 덮여 있고, 강물은 물감을 풀어놓은 듯 파랗습니다. 눈에 보이는 세상이 온통 푸르렀습니다. 바람이 어찌나 부는지 차창을 꼭 닫았는데도 피리소리 같은 바람소리가 들렸습니다. 운전대를 잡은 엄마는 연신 창밖으로 눈길을 돌렸습니다.

"벌써 봄이 가고 있구나."

엄마는 감상에 젖어 있었습니다.

"빨리 가야지."

선우가 재촉하듯 말했습니다.

선우가 왜 그러는지 뻔히 알면서도 엄마는 서두르지 않았습니다. 늘 그랬지만 오늘도 엄마는 생각이 많았습니다. 그래도 선우는 마냥 즐거웠습니다.

달력에서나 볼 법한 광경이 차창 너머 눈앞에 펼쳐지고 있었습니다. 맑은 달래강 위로 눈부시게 햇빛이 반짝였습니다. 앞뒤로 팔랑거리는 어린 잎사귀들이 쉴 새 없이 지나가는 변덕 심한 봄바람에 몸을 떨었습니다. 꽃잎이 눈처럼 흩날렸습니다.

사르르.

사르르.

함께 가는 차도, 마주 오는 차도 없었습니다.

드디어 〈구봉산 가는 길〉이라는 팻말이 보였습니다. 선우와 엄마를 실은 차는 꼬부랑길로 접어들었습니다. 하늘이 잘 보이지 않았습니다. 사방이 산뿐입니다. 가끔씩 커다란 산과 산 사이 빠끔한 구멍으로 강물 같은 하늘이 보입니다. 산 위로 올라갈수록

작은 여울이 되는 달래강은 곳곳에 모래톱을 만들기도 하고, 갈대숲을 세워 놓기도 하면서 먼 바다를 향해 흘러갑니다.

구봉산 계곡을 흐르는 달래강에서 만나는 봄은 여러 가지 색깔입니다. 길 양 옆에 줄지어 서 있는 벚나무들은 이미 꽃봉오리가 졌지만 산비탈의 하얀 사과 꽃들은 수천수만의 등불 같습니다.

"올해는 사과가 많이 달리겠다."

"엄마가 그걸 어떻게 알아?"

"꽃이 많이 피었으니까."

이상한 엄마. 그 이상한 엄마보다 몇 배나 더 이상한 할아버지를 만나러 가는 길입니다. 엄마는 대략 한 달에 한 번은 꼭 이곳에 옵니다.

드디어 할아버지가 있는 재실 가는 오솔길에 접어들었습니다. 재실은 구봉산 중턱에 차를 대 놓고, 걸어서 고개를 세 개나 넘어야 합니다. 엄마도 배낭을 지고, 선우도 배낭을 졌습니다. 구봉령이라고 불리는 이 길은 이제는 몇몇 등산객들이 오르내리거나 어쩌다가 마을 사이를 오가는 사람들만이 다니는 한적한 길이 되고 말았습니다. 엄마는 그 길을 바람처럼 걸어갔습니다.

"엄마, 힘 안 들어?"

"힘들지."

"그런데 왜 그렇게 빨리 가?"

"빨리 가고 싶으니까."

선우는 또 할 말이 없었습니다. 엄마의 별명은 '까' 입니다. 무슨 말이든 물으면 '까' 로 끝나는 대답을 하기 때문입니다.

깊은 산속 사방 십리 안에는 사람 사는 집이 없습니다. 어쩐 일인지 서울에 살던 할아버지는 선우가 다섯 살 되던 해에 이곳으로 돌아왔습니다. 할아버지는 무려 사십 년 만에 고향으로 돌아온 것입니다.

"왜 할아버지는 이런 곳에서 혼자 살아?"

"좋으니까."

"엄마는 여기를 왜 그렇게 자주 와?"

선우는 제법 진지하게 물었습니다. 늘 그것이 궁금했습니다.

"꼭 와야 되니까."

"그런 말이 어디 있어. 왜 꼭 와야 되냐고?"

엄마는 말꼬리를 돌렸습니다.

"너 재실이 어떤 곳인 줄 알아?"

"제사 지내는 곳이지."

선우는 건성으로 대답했습니다. 엄마의 다음 말은 더 듣고 싶지 않았습니다. 그런데도 엄마는 계속해서 말을 했습니다.

"옳지. 그런데 왜 죽은 분들에게 제사를 지낼까?"

"응?"

선우는 대답할 수가 없었습니다.

"결코 돌아가신 분들만을 위해서가 아니야. 우리를 위해서지. 너 학교에서 역사 배우지. 그 역사를 왜 배울까? 모두 지난 일인데……."

"우리나라 이야기니까."

선우의 대답은 퉁명스러웠습니다.

엄마가 고개를 흔들었습니다.

"우리하고 똑같이 이곳에서 살다가 돌아가신 분들을 통해서 좋은 것은 배우고, 나쁜 것은 되풀이하지 않기 위해서지. 지나간 일에는 거짓이 없어. 있는 그대로지. 그래서 학교에서 역사를 배우는 거야. 그리고……."

이상하게 엄마가 말끝을 맺지 못했습니다.

드디어 재실 앞마당에 도착했습니다. 선우네 재실은 구봉산 산자락에 자리 잡은 작은 집입니다. 재실이라고는 하지만 다른 곳의 재실처럼 번듯한 기와집이 아니라 그냥 보통의 농가입니다. 재실은 무덤이나 사당 옆에 제사를 지내기 위해 지은 집으로 윗대의 조상들을 모신 곳입니다. 여기에서는 제사에 참석하는 사람들의 잠자리를 제공하고 제사 음식을 장만합니다. 말하자면 지금은 할아버지가 이곳 재실을 관리하는 묘지기인 셈입니다.

오늘날은 윗대 조상에 대한 생각이 점점 옅어지고, 재실을 지키는 묘지기가 사라지면서 재실도 점점 없어지고 있습니다. 그런데도 굳이 할아버지는 이곳을 택해 돌아온 것입니다.

재실은 마당이 넓고, 멀리로는 달래강이 환히 내려다보입니다. 집 뒤로는 선우네 선산으로 올라가는 조그만 산길이 나 있습니다. 선산은 돌아가신 조상들의 무덤이 있는 곳입니다. 이곳에는 텔레비전도 없습니다. 당연히 컴퓨터도 없습니다.

집은 붉은 함석지붕, ㄱ자입니다. 왼쪽의 안채는 방 두 개에 마루와 부엌이 딸렸고, 오른쪽 바깥채가 재실입니다. 집 뒤로는 낮

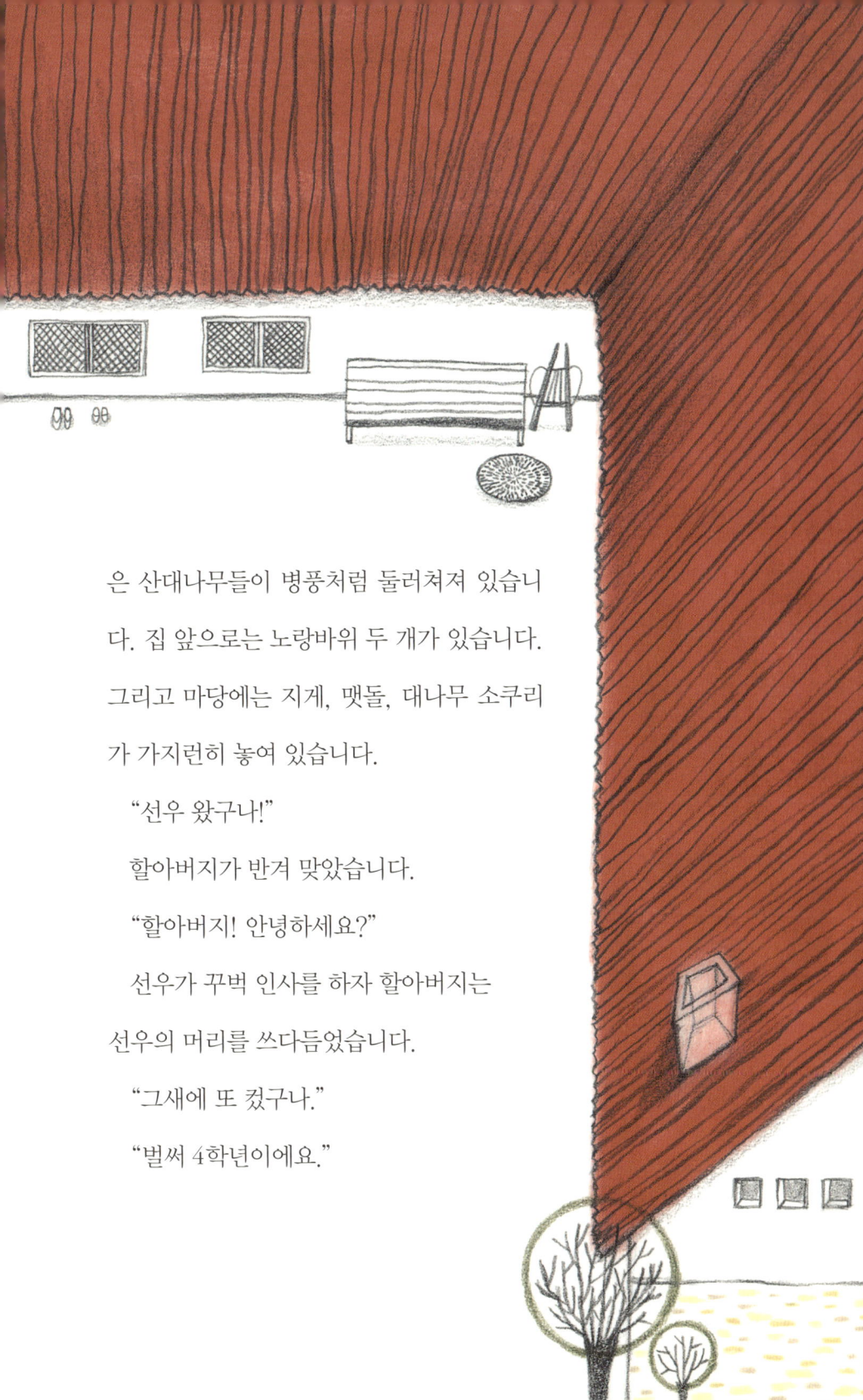

은 산대나무들이 병풍처럼 둘러쳐져 있습니다. 집 앞으로는 노랑바위 두 개가 있습니다. 그리고 마당에는 지게, 맷돌, 대나무 소쿠리가 가지런히 놓여 있습니다.

"선우 왔구나!"

할아버지가 반겨 맞았습니다.

"할아버지! 안녕하세요?"

선우가 꾸벅 인사를 하자 할아버지는 선우의 머리를 쓰다듬었습니다.

"그새에 또 컸구나."

"벌써 4학년이에요."

엄마가 재실 안으로 들어갔습니다.

"어허, 이젠 어엿한 청년이 다 되었어. 어째 세월이 이렇게 빠르누."

할아버지는 하늘을 쳐다보았습니다.

선우도 엄마를 따라 재실 안으로 들어갔습니다. 어느새 엄마는 다소곳이 절을 하고 있었습니다. 엄마는 이곳에 오면 늘 그렇게 정성스레 절을 했습니다. 엄마가 시키는 대로 선우도 공손히 절을 했습니다. 다시 세 사람은 툇마루에 앉았습니다.

"선우가 많이 자랐지요?"

엄마가 흐뭇하게 말하자 할아버지가 다시 선우의 머리를 쓰다듬었습니다.

"자주 찾아뵙지 못해서……."

엄마가 말끝을 흐렸습니다.

"이런 산중엘 자주 올 수 있나."

"그래도 한 달에 한 번씩은 와야 하는데 그게 잘 되질 않아요."

엄마의 말에 할아버지가 고개를 끄덕였습니다.

"선우가 커 가는 모습을 보여 주고 싶은데."

"그렇게 하지 않아도 다 보고 있을 게야."

엄마가 희미하게 웃었습니다.

"아픈 데 없지? 지 애비는 어릴 때 하도 병치레를 해서……."

할아버지가 조용히 물었습니다.

"잘 먹고 잘 자요."

"그래야지."

할아버지는 연신 선우의 머리를 비볐습니다.

"자아, 이제 선우는 저쪽 계곡에 가서 놀아라. 엄마는 할아버지께 드릴 말씀이 있어."

선우는 혼자 계곡으로 내려갔습니다. 돌 틈 속에 숨어 있는 가재를 잡기 위해서입니다. 그렇게 한낮이 되었습니다.

점심을 먹고 엄마가 부엌으로 들어간 사이 선우가 잽싸게 할아버지 곁에 앉았습니다.

"할아버지, 공부 잘하는 비법 좀 가르쳐 주세요."

할아버지가 싱긋 웃었습니다.

"비법? 공부 잘하는 비법이 따로 있으면 이 세상에 공부 못하는 아이들은 하나도 없게?"

"예?"

"선우야, 옛말에 백두산도 작은 겨자씨에 들어가고, 세상의 모든 바닷물도 작은 털구멍 속으로 들어간다는 말이 있다."

선우가 고개를 갸우뚱거렸습니다.

"거짓말."

선우는 냉큼 말대답을 하고 말았습니다. 아무리 할아버지 말씀이라고 해도 이치에 맞지 않았기 때문입니다. 선우는 아주 실망했습니다. 맘먹고 하려고 해도 잘 되지 않는 공부, 할아버지는 무언가 좋은 방법을 알려 줄 것이라고 잔뜩 기대했는데……. 풀이 죽은 선우를 할아버지가 불렀습니다.

"선우야?"

"예."

"아이들이 너를 뭐라고 부르냐?"

"예?"

"몸빵파의 두목이라고 부른다지?"

아이고, 어떻게 할아버지가 그것까지 아셨을까? 선우는 부끄러워서 고개를 숙였습니다.

"모든 것을 몸으로 때운다 이거지?"

할아버지가 빙글빙글 웃으며 선우를 바라보았습니다. 선우는 자꾸 엄마가 있는 부엌을 쳐다보았습니다. 다행히 엄마는 설거지에 여념이 없었습니다. 선우는 빨리 이 자리를 벗어나고 싶었습니다.

"엄마도 다 알고 있어."

선우는 능청맞은 할아버지가 얄미웠습니다.

"너 공부하고는 담을 쌓고, 컴퓨터 게임만 한다면서?"

"아닌데요."

"그렇게 복잡한 게임과 그에 따른 규칙을 그 작은 머릿속에 어떻게 다 넣었는고?"

"예?"

"선우야, 지금 네 머릿속은 이 세상을 다 넣고도 남을 만큼 넓고도 넓단다. 그런 머리에 그까짓 공부 몇 과목을 넣지 못할까?"

선우는 할 말이 없었습니다.

"두목은 두목답게 놀아야지."

할아버지와의 이야기가 그렇게 끝났으면 좋으련만 선우는 입술을 뾰족 내밀며 안 해야 될 말을 하고 말았습니다. 자신의 속마음을 솔직하게 털어놓은 것입니다.

"할아버지, 난 영어 공부만 잘하면 돼요."

"그게 무슨 말이냐?"

"내년에 아빠가 돌아오면 함께 미국 가잖아요. 지금 우리나라에서 공부하고 있는 거 다 소용없어요."

"누가 그러든?"

"엄마도 그랬고, 이모도 그랬어요. 아빠만 돌아오면 미국 간다고요."

선우의 별명은 '미국'입니다. 선우는 미국에 대한 것은 5학년, 6학년 누나나 형들보다 더 잘 압니다. 뉴스에서 미국에 대한 것이 나오면 반드시 보았기 때문입니다. 미국엔 아빠가 있습니다. 아빠는 선우가 아주 어렸을 때 미국으로 떠났습니다. 선우는 아빠가 돌아올 날만 손꼽아 기다리고 있습니다. 아빠가 돌아오면 함께 미국으로 갈 것입니다. 뉴욕으로 이민 간 재현이네처럼 말입니다.

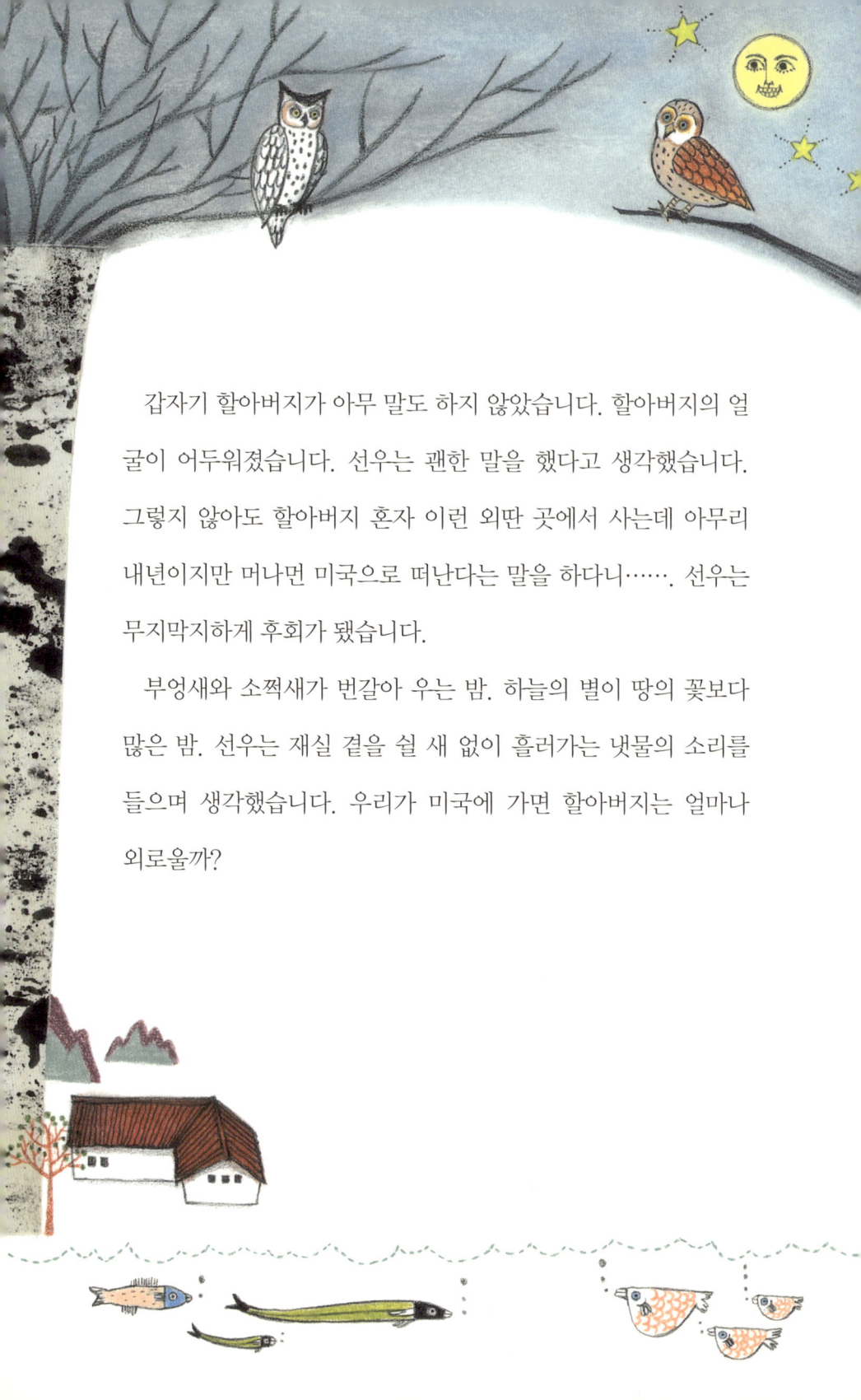

갑자기 할아버지가 아무 말도 하지 않았습니다. 할아버지의 얼굴이 어두워졌습니다. 선우는 괜한 말을 했다고 생각했습니다. 그렇지 않아도 할아버지 혼자 이런 외딴 곳에서 사는데 아무리 내년이지만 머나먼 미국으로 떠난다는 말을 하다니……. 선우는 무지막지하게 후회가 됐습니다.

부엉새와 소쩍새가 번갈아 우는 밤. 하늘의 별이 땅의 꽃보다 많은 밤. 선우는 재실 곁을 쉴 새 없이 흘러가는 냇물의 소리를 들으며 생각했습니다. 우리가 미국에 가면 할아버지는 얼마나 외로울까?

바르게 살아가는 힘_정직

몸빵파의 고난

선우의 말은 갈팡질팡 두서가 없습니다.
"거짓말이 얼마나 나쁜지 알지?"

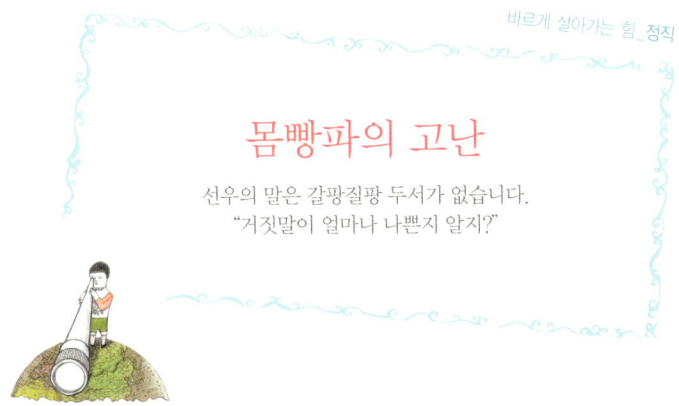

매향 초등학교 4학년 2반.

선생님이 자꾸 뒷줄의 아이들을 쳐다보았습니다. 물론 반에서 가장 말썽꾸러기들인 몸빵파 세 명을 쳐다보고 있는 것입니다. 몸빵파 세 명은 수연이의 일본 만화책 보는 순서를 정하느라 가위바위보를 하고 있었습니다. 일본에서뿐만 아니라 우리나라에서도 요즘 가장 인기 있는 만화책입니다. 모두 컬러입니다. 더구나 책 사이사이에 카드처럼 붙어 있는 주인공 여자아이 그림은 정말로 예쁘기 짝이 없었습니다.

아이들에게 '카우 걸'이라는 별명을 가진 선생님의 매서운 눈꼬리가 올라갔습니다. 아직 결혼을 하지 않은 선생님은 보통 때는 아주 친절하지만 수업 시간에 딴짓을 하다가 들키면 무섭게 변했습니다. 그렇지만 몸빵파는 선생님을 별로 겁내지 않았습니다. 선생님은 절대로 매를 들지 않았기 때문입니다.

가위바위보에서 이긴 선우가 흐뭇하게 칠판을 보았을 때, 선생님과 똑바로 눈이 마주쳤습니다.

"몸빵파 모두 앞으로 나와!"

아이들은 망설였습니다. 만화책은 어떻게 하나?

그때 선생님의 성난 목소리가 다시 들렸습니다.

"만화책 가지고!"

세 명의 아이들이 뒷머리를 긁적이며 앞으로 나갔습니다.

"조용!"

선생님이 소란스런 분위기를 잡았습니다. 그리고 만화책을 한 장 한 장 넘겼습니다. 꼭 수영복 같은, 알록달록 이상한 옷을 입은 여자아이들의 그림이 막 넘어갔습니다. 선생님이 고개를 흔들었습니다.

"이거 누가 가져왔어?"

아무도 대답이 없었습니다.

"어라?"

선생님의 표정이 더욱 굳어졌습니다.

"이 책 누구 거냐니까?"

가위바위보를 한 선우와 종오, 현석이가 서로를 쳐다보았습니다. 책 주인인 수연이는 얼굴조차 제대로 들지 못했습니다. 너무 미안했습니다. 선우와 종오가 동시에 손을 들었습니다.

선생님이 다시 고개를 흔들었습니다.

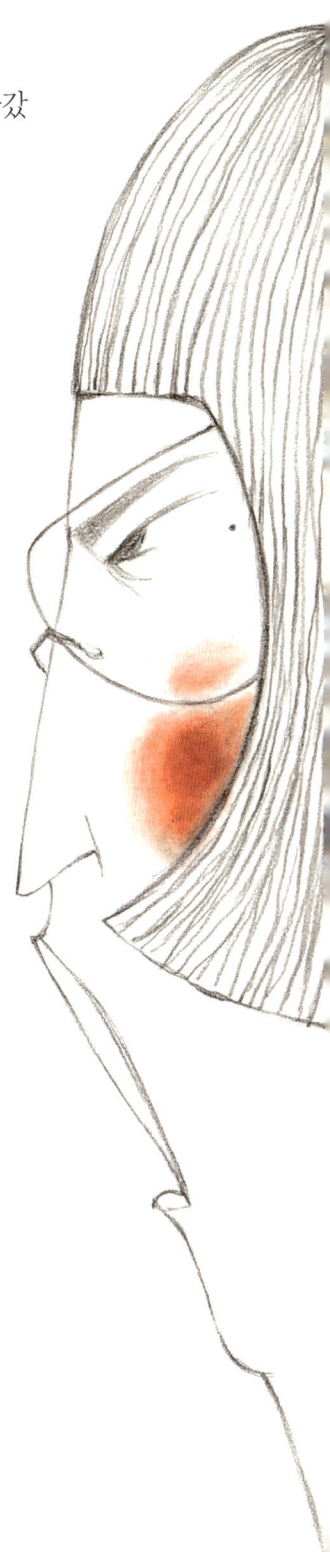

"누구야?"

선생님이 반 아이들 전체를 보며 눈을 부라렸습니다. 아주 무서웠습니다.

"반장 일어나!"

미은이가 고개를 떨구며 일어났습니다.

"넌 알고 있지?"

"……."

하지만 꿀 먹은 벙어리처럼 대답을 하지 못했습니다.

"그냥 넘어갈 수 있는 일을 자꾸 키운다. 빨리 대답 못하니!"

선생님이 이렇게 화난 모습은 처음이었습니다. 그렇지만 의리 있는 미은이는 고개만 숙였습니다.

"미은아?"

"알고 있어요."

"그런데?"

"누구라고 말할 수는 없어요."

미은이는 울상이 되었습니다.

"어쭈, 의리를 지키겠다고?"

"그게 아니고……."

"이런 거 감싸 주는 게 의리가 아니야."

미은이가 다시 고개를 푹 숙였습니다.

"이런 이상한 만화책을 수업 시간에 서로 보겠다고 난리를 치는데……."

선생님은 오늘 아주 작심한 것 같았습니다.

"모두 책상 위로 올라가!"

교실은 이제 아이들 숨소리밖에 들리지 않았습니다.

"무릎 꿇고 손들어!"

그런데 이상하게도 선생님은 앞에 끌려 나간 세 아이에게는 아무 벌도 주지 않았습니다. 세 아이는 멀뚱멀뚱 손을 들고 힘들어하는 아이들을 바라볼 뿐이었습니다.

그러나 세 아이의 얼굴은 금방 일그러졌습니다. 자기들 때문에 벌을 받는 친구들에게 미안했기 때문입니다. 아이들의 거친 숨소리가 점점 신음 소리로 변했습니다. 더구나 수연이는 얼굴이 하얗게 질렸습니다. 그런데도 선생님은 조용히 창밖만 바라보고 있었습니다.

선우는 더 이상 견딜 수가 없었습니다.

"선생님!"

선생님이 뒤를 돌아보았습니다.

"다른 아이들은 잘못이 없어요. 만화책을 가지고 오라고 한 것은 저였어요. 그러니까……."

선생님이 선우를 빤히 쳐다보았습니다.

"그 만화책 누가 가져왔어?"

"……?"

"누가 가져왔느냐니까?"

"제, 제가 가져왔는데요."

"금방 만화책 가져오라고 한 게 너였다며?"

"예?"

선우의 말은 갈팡질팡 두서가 없었습니다.

"거짓말이 얼마나 나쁜지 알지?"

"네."

"그런데?"

"저어……."

선우의 눈에 눈물이 고였습니다.

"저어기……. 남자애들은 괜찮은데 여자애들은……."

선우는 여자아이들이 힘겨워하는 것을 도저히 볼 수가 없었습니다. 더구나 죄 없는 수연이는 고개도 들지 못하고 있었습니다. 선생님은 울상이 된 선우를 한참 동안 바라보다가 조용히 말했습니다.

"모두 제자리에 앉아."

아이들이 안도의 한숨을 쉬며 자리에 앉았습니다.

"좋아. 오늘은 여기까지다. 너희들이 끝까지 말하지 않는다면 나도 어쩔 수 없지. 그렇지만 다음에 또 이런 불량 만화가 우리 교실에서 발견되면 너희들 서른두 명 모두 벌 받을 거야. 내 말 알겠지?"

"네!"

아이들이 우렁차게 대답했습니다.

그러나 선생님은 그쯤에서 끝내지 않았습니다.

"너희들 세 명은 다음 수업이 끝날 때까지 복도에 서 있어."

차라리 몇 대를 맞는 게 나은데. 다른 반 여자아이들이 보면 어쩌지? 선우는 복도에 서 있으면서도 오직 그 걱정밖에 되지 않았습니다. 더구나 바로 옆 4학년 3반 교실에는 선우가 좋아하는 지은이가 있었습니다.

자꾸만 시간이 지나갔습니다. 쉬는 시간이 다가오고 있었습니다. 선우는 점점 초조해졌습니다. 조금 있으면 쉬는 시간을 알리는 벨이 울릴 터였습니다. 선우는 어쩔 수 없이 큰 결심을 하고 말았습니다.

"야, 나 어디 갔느냐고 물으면 모른다고 해."

"어디 가려고?"

종오가 걱정스럽게 물었습니다.

"집에. 하여간 선생님이 물으면 모른다고 해. 사나이들끼리의 약속이다!"

"야, 선우야. 그러면 정말 큰일 나."

그러나 선우는 종오의 걱정에도 아랑곳하지 않고 쏜살같이 복도를 빠져나왔습니다. 선우가 채 복도를 벗어나기 전에 쉬는 시간을 알리는 벨소리가 울렸습니다. 조금만 늦었으면 지은이에게 아주 큰 망신을 당할 뻔했습니다.

선우는 씩씩하게 집으로 돌아왔습니다. 그런데 집에 이모가 있었습니다. 대학생들은 공부를 안 해도 되는지, 이모는 멀쩡한 평일에도 집에 있는 날이 많았습니다. 선우도 빨리 대학생이 되고 싶었습니다.

"이모는 또 놀아?"

선우는 일부러 큰소리로 말했습니다.

"아니, 너 오늘 왜 이렇게 빨리 왔니?"

"일찍 끝났어."

"어라, 가방도 없이?"

"선생님이 가방 검사한다고 교실에 그냥 놔두고 가랬어."

선우는 이모가 다른 것을 더 묻기 전에 얼른 자기 방으로 들어갔습니다. 그리고 침대 속으로 쏙 숨어들어서는 이불을 뒤집어 썼습니다.

"휴우!"

선우는 가슴을 쓸어내렸습니다. 불안하기는 했지만 너무 달콤한 휴식이었습니다. 그러다가 선우는 그만 깜박 잠이 들고 말았습니다. 선우가 달콤한 잠에 빠져 있는 사이에 4학년 2반 교실은 발칵 뒤집혔습니다.

"종오야, 선우 어디 갔어?"

선생님의 얼굴은 하얗게 변했습니다.

종오는 고개를 저었습니다. 물론 현석이도 고개를 저었습니다. 사나이들끼리의 약속인데 어길 수는 없었습니다. 그러나 아무리 몸빵파라고 해도 선생님을 속일 수는 없었습니다.

"선우가 어디 갔는지 말하지 않으면 내일 당장 너희들 엄마, 아빠 모두 모시고 와야 돼!"

아이들은 누가 먼저랄 것 없이 선생님에게 모든 것을 털어놓지 않을 수 없었습니다.

따르릉.

따르릉.

선우네 집 전화벨이 울렸습니다.

이모가 전화를 받았습니다.

"선우네 집이죠? 저는 선우 담임 선생님인데요, 선우 지금 집에 있나요?"

"예. 오늘 일찍 끝났다고 방에서 자고 있는데요."

"아, 그래요. 선우 좀 바꿔 주시겠어요?"

당장 선우는 학교로 돌아올 수밖에 없었습니다.

반 아이들이 보는 앞에서 선우는 다시 선생님 앞에 끌려나왔습니다. 그런데 선생님은 이상하게도 아주 친절하게 말했습니다.

"6월은 호국보훈의 달이다. 나라를 위해 목숨을 바친 분들을 기리는 달이지. 우리가 그분들의 뜻을 받들어 정말로 행복한 나라를 만들어야겠지?"

선우는 고개를 끄덕였습니다.

"네."

"그렇다면 공부하고 담을 쌓은 선우가 할 일은?"

"일주일 간 아주 열심히, 열심히 화장실 청소를 하겠습니다!"

선우는 아주 씩씩하게 말했습니다. 매우 익숙한 일이었기 때문입니다.

그러나 선생님의 말씀은 달랐습니다.

"아니, 일주일이 아니고 이 주일!"

숙제
정직한 인물 조사하기

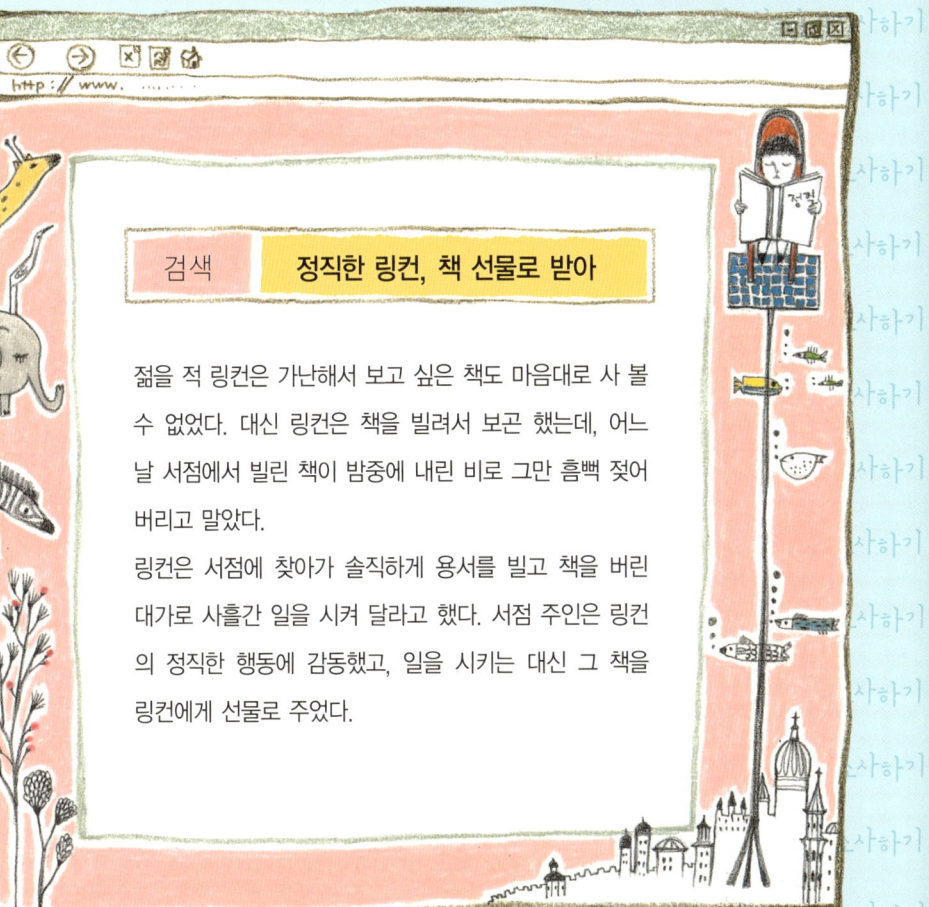

| 검색 | 정직한 링컨, 책 선물로 받아 |

젊을 적 링컨은 가난해서 보고 싶은 책도 마음대로 사 볼 수 없었다. 대신 링컨은 책을 빌려서 보곤 했는데, 어느 날 서점에서 빌린 책이 밤중에 내린 비로 그만 흠뻑 젖어 버리고 말았다.
링컨은 서점에 찾아가 솔직하게 용서를 빌고 책을 버린 대가로 사흘간 일을 시켜 달라고 했다. 서점 주인은 링컨의 정직한 행동에 감동했고, 일을 시키는 대신 그 책을 링컨에게 선물로 주었다.

만일 링컨이 서점 주인에게 거짓말을 했다면 서점 주인도 우리 선생님처럼 많이 화를 냈겠지? 앞으로 나 자신과 친구들, 선생님에게 솔직하고, 내 행동에 책임을 져야겠다.
그리고 화장실 청소도 열심히 해야지. 에고고. ㅠㅠ

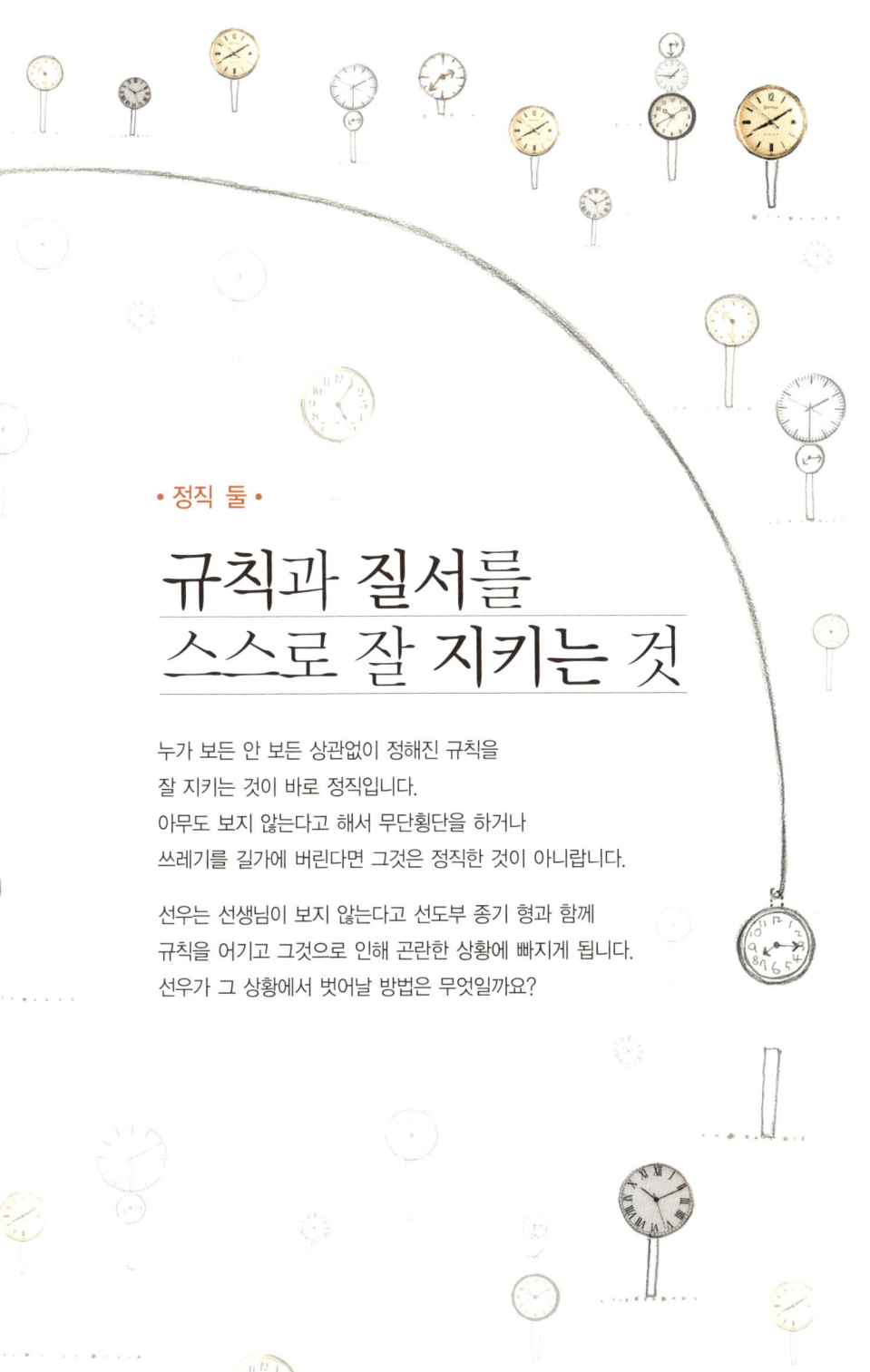

• 정직 둘 •

규칙과 질서를 스스로 잘 지키는 것

누가 보든 안 보든 상관없이 정해진 규칙을
잘 지키는 것이 바로 정직입니다.
아무도 보지 않는다고 해서 무단횡단을 하거나
쓰레기를 길가에 버린다면 그것은 정직한 것이 아니랍니다.

선우는 선생님이 보지 않는다고 선도부 종기 형과 함께
규칙을 어기고 그것으로 인해 곤란한 상황에 빠지게 됩니다.
선우가 그 상황에서 벗어날 방법은 무엇일까요?

바르게 살아가는 힘_정직

종기 형과의 약속

당장 종기 형과의 약속을 지키지 못하면 학교에서도, 동네 놀이터에서도 갈 곳이 없습니다.

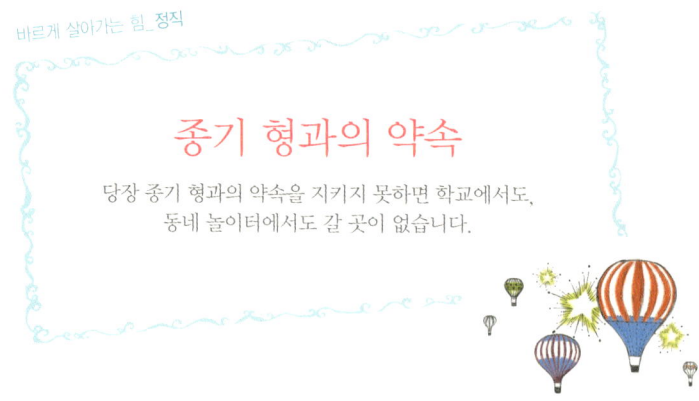

생각이 남다른 아이가 되자. 내 생각을 자신 있게 말하자. 아침 시간을 잘 활용하자. 운동을 하자. 틀에 박힌 생각을 버리자. 친구들의 말에 귀 기울이자. 생각을 글로 표현하자. 아침밥은 꼭 먹자. 인스턴트식품은 NO. 먹더라도 아주 조금만 먹자. 방 정리를 잘하자. 일찍 일어나고 일찍 자자.

선우는 지키지도 못할 결심들을 여기저기 인터넷 사이트에서 퍼서 자신의 미니 홈페이지에 옮겨 놓았습니다. 그러곤 평소에 자주 들르던 〈어린이들을 위한 우주 이야기〉 사이트에 다시 들렀습니다.

마젤란은하는 우리 은하와 가장 가까운 은하로 소마젤란은하와 대마젤란은하를 말한다. 우리 은하의 $\frac{1}{10}$인 1백억 개 정도의 별을 가지고 있으며 거리는 천문학적 기준으로는 매우 작은 17만 광년과 18만 광년 떨어져 있다. 마젤란은하는 외부 은하에 대해 많은 정보를 알려 주며 각각 황새치자리, 큰부리새자리에 있다. 두 은하 모두 우리 은하계의 동반 은하이며 우리나라에서는 보이지 않는다.

　캄캄한 밤하늘을 가득 채운 별들, 그 많은 별들은 처음에 어떻게 생겼을까? 저 별에도 우리 같은 사람들이 살고 있을까? 17만 광년이면 얼마쯤의 거리일까? 한국에서 미국까지 거리보다 어느 정도 더 먼 걸까?

　선우는 괜스레 창문을 열어 놓고 보이지도 않는 별을 바라보다가 그만 늦잠을 자고 말았습니다. 야속한 엄마와 이모는 절대로 아침에 선우를 깨우지 않았습니다. 밥상만 식탁에 차려 놓고 가면 그만이었습니다. 학교를 가고 안 가는 것은 순전히 선우 자신의 몫이었습니다. 엄마는 매우 바빴습니다. 언제나 아주 이른 새벽에 나갔습니다.

지각하기 5분 전. 신이시여! 왜 제게 이런 시련을!

선우는 초고속으로 머리를 감고 대충 말린 채 책가방도 제대로 챙기지 못하고 학교로 달리기 시작했습니다. 그렇지만 숨을 헐떡이며 교문에 닿았을 때는 이미 교문은 산처럼 닫혀 있었습니다. 정말 간발의 차이였습니다.

"아이!"

안타까움에 선우가 한숨을 내쉬고 있을 때 선도부의 종기 형이 씩 웃으며 다가왔습니다.

"박선우!"

종기 형은 선우와 같은 동네에 살았습니다. 그렇지만 종기 형은 선우에게 조금도 친절하지 않았습니다. 한 살 더 많다고 얼마나 선우를 괴롭히는지 모릅니다.

피이, 태권도 학원도 같은 반에 다녔으면서. 진짜로 따지면 일 년이 아니라 겨우 몇 개월 먼저 태어난 건데.

그렇지만 그런 내색을 할 수는 없었습니다. 선우는 오늘따라 운이 없다고 생각했습니다. 그나마 다행인 것은 무서운 4학년 주임 선생님이 없다는 것입니다. 문제는 종기 형이었습니다. 노란 완장을 찬 종기 형이 선우 주위를 빙글빙글 돌았습니다. 선생님

흉내를 내고 있는 것입니다.

"지금 교실에 들어가면 아직 선생님 안 오셨거든."

"……?"

"네가 가지고 있는 만화책 나 주면 바로 들여보내 줄게."

종기 형과 같은 선도부 형들이 낄낄거렸습니다.

"나 만화책 없어."

선우는 울상이 되어 말했습니다.

"너 나를 뭐로 보고 거짓말해. 내가 그렇게 만만해 보이냐?"

"나 정말 없어."

그러나 종기 형은 믿지 않았습니다.

"너한테 멋진 여자애들 그림이 붙어 있는 만화책 잔뜩 있는 거 다 알고 있어."

"정말 아니야."

선우는 간절히 말했습니다.

그렇지만 종기 형은 들은 척도 하지 않았습니다.

"운동장 몇 바퀴 도는 줄 알지?"

지각을 하면 무서운 4학년 주임 선생님이 보는 앞에서 운동장을 세 바퀴나 돌아야 했습니다. 숨이 턱에 닿게 운동장 세 바퀴를

도는 것도 힘들지만, 창문이 운동장 쪽으로 나 있는 모든 교실에서 그 모습을 보는 것이 더 싫었습니다.

"어디 그뿐이냐? 교실에 들어가면 선생님한테 매타작을 받고 화장실 청소까지?"

옆에 있는 형이 거들었습니다.

그렇지 않아도 벌써 화장실 청소를 하고 있는데……. 선우는 선생님의 얼굴을 떠올렸습니다. 그럴 수는 없었습니다.

"몇 권?"

선우의 말에 종기 형의 얼굴이 환하게 밝아졌습니다.

"몇 권이라니? 다섯 권은 돼야지. 아까도 말했지만 아주 멋진 그림이 있는 걸로, 내 말뜻이 뭔지 알지?"

그렇게 말하지 않아도 선우는 종기 형의 엉큼한 마음을 다 알고 있었습니다. 종기 형은 거의 수영복 차림의 주인공 여자아이가 나오는 만화책을 말하고 있는 것입니다.

"안 돼!"

선우는 자신도 모르게 소리를 지르고 말았습니다.

"아니면 말고."

시간이 없었습니다. 더 시간을 끌다가는 선생님이 교무실에서 교실로 들어옵니다. 선생님들 중에 가장 무서운 4학년 주임 선생님도 운동장으로 나올 시간입니다.

"아, 알았어."

종기 형이 환하게 웃었습니다.

"내일 교문 앞에서 만나자. 너 약속 안 지키면 어떻게 되는 줄 알지?"

선우는 고개를 끄덕이고는 정말 바람처럼 달렸습니다. 그래도 운이 좋았습니다. 선생님이 아직 교실에 들어오지 않았던 것입니다.

휴, 정말 살기 힘든 6월이네. 이제 그 만화책을 어떻게 구하지?

"너 정말 운 좋다."

종오가 웃었습니다.

"운 좋은 게 아니겠지?"

현석이가 심통 가득한 눈으로 끼어들었습니다.

"아니라니?"

선우는 힐끗 현석이를 쳐다보았습니다.

"종기 형한테 뇌물 썼겠지."

"뇌물은 무슨 뇌물, 같은 동네 산다고 봐줬어."

선우는 뜨끔했지만 아무렇지 않게 말했습니다.

"난 다 알아."

현석이가 기분 나쁘게 웃었습니다.

"너 정말?"

"솔직해지시지?"

현석이하고 더 말해 봐야 이득이 없습니다. 같은 몸빵파이면서도 현석이는 선우와 항상 다투었습니다. 선우가 현석이와 달리 여자아이들한테 인기가 있어서인지도 몰랐습니다. 몸이 뚱뚱하고 행동이 느린 현석이를 여자아이들은 별로 좋아하지 않았습니다.

선우는 반 아이들의 얼굴을 곰곰이 떠올렸습니다. 역시 자신을 구할 사람은 수연이뿐이었습니다. 선우는 다른 때와 다르게 현석이와의 다툼을 가볍게 넘겼습니다. 그리고 마지막 수업이 끝나기만을 기다렸습니다. 반 아이들 몰래 수연이를 만나기 위해서였습니다.

수업이 끝나자 선우는 교문으로 달려갔습니다. 수연이가 집에 가기 위해 교문을 나서고 있었습니다.

"수연아?"

선우는 수연이에게 다가가 은근하게 불렀습니다.

수연이는 반에서 용돈도 제일 많을 뿐만 아니라 마음씨도 가장 착했습니다. 더구나 요즘 유행하는 일본 만화와 잡지는 물론 그 주인공들의 인형까지 수집하고 있었습니다.

선우는 아주 뻔뻔스럽게 말했습니다.

"나 만화책 다섯 권만 주라."

수연이가 인상을 찡그렸습니다.

"그거 없으면 난 죽어."

역시 수연이는 천사였습니다.

"왜?"

반응이 왔습니다.

"종기 형 알지? 선도부."

"그래서?"

"어제 선생님한테 빼앗긴 그 만화책 다섯 권 주기로 했어. 지각했거든."

"난 몰라."

그렇지만 그 정도에서 물러설 선우가 아니었습니다.

"수연아?"

언제 왔는지 반 아이들이 선우와 수연이 옆에 모여들어 빙글빙글 웃고 있었습니다.

"저리 가. 창피하게 왜 그래?"

"나 좀 봐주라. 너 그런 만화책 많잖아?"

"이 바보야. 선생님은 그 만화책이 내 만화책인 줄 처음부터 알고 계셨어."

"응?"

그렇지만 선우는 선생님의 마음을 헤아릴 여유가 없었습니다. 당장 종기 형과의 약속을 지키지 못하면 학교에서도, 동네 놀이터에서도 갈 곳이 없었습니다. 종기 형은 혼자 다니는 것이 아니라 꼭 우락부락하게 생긴 친구들과 함께 다녔습니다.

"미안해. 그렇지만 만화책 있으면……."

선우는 수연이가 결코 자기를 싫어하지 않는다고 믿었습니다. 그것은 사실이었습니다. 그러나 수연이의 다음 말은 똑 부러졌습니다. 지난번에 선생님에게 솔직하지 못했던 자신이 부끄러웠던 것입니다.

"선생님하고 약속했잖아?"

"학교 밖에서 주면 돼. 선생님하고는 상관없어."

선우는 막무가내로 매달렸습니다.

"난 싫어. 분명히 말했다."

수연이가 선우를 째려보았습니다. 부끄러웠습니다. 되지도 않을 약속을 하고, 그 약속을 지키기 위해 온갖 몹쓸 짓을 하고 있는 자신이 부끄러웠습니다. 선우는 수연이의 마음을 이해할 수 있었습니다.

그렇지만 어쩔 수 없었습니다. 선우는 수연이 앞에서 최대한 불쌍한 표정을 지었습니다. 그래서인지 수연이도 다시 한 번 생각하는 눈치였습니다. 옳지, 선우는 침을 꼴깍 삼켰습니다. 이제 울먹이는 말로 수연이의 마음을 돌리기만 하면 만화책을 받을 수 있을 것 같았습니다.

그런데 바로 그때 현석이가 느릿느릿 다가왔습니다.

"너, 왜 수연이 괴롭혀. 지난번에도 우리가 수연이 힘들게 했잖아. 만화책 필요하면 네 돈으로 사."

선우는 잠깐 눈을 감았습니다. 친구 사이에, 더구나 같은 몸빵 파끼리 다 된 밥에 재를 뿌리다니. 선우는 어금니를 맞물었습니다. 그런데 현석이의 다음 말은 더욱 선우의 마음에 불을 질렀습니다.

"이제 그만해라. 너 때문에 우리 반이 항상 시끄러워!"

"뭐야?"

있을 수 없는 일이었습니다. 지난번 만화 사건 후로 몸빵파 아이들도 선우를 아주 우습게 보고 있다는 증거였습니다. 선우는 현석이를 노려보았습니다.

"아무리 친한 친구라고 해도 이런 법이 어디 있어?"

아이들이 하나둘 더 모여들었습니다. 그래서인지 현석이는 더 세게 나왔습니다. 누가 보아도 잘못은 선우가 하고 있었습니다. 그러나 그 모든 걸 알면서도 선우는 현석이를 그냥 둘 수가 없었습니다. 이참에 자꾸만 건방져 가는 현석이의 콧대를 콱 눌러 주어야 했습니다.

"여기 있다!"

선우는 말이 안 되는 줄 알면서 우겼습니다.

현석이도 지지 않았습니다.

"완전 강도네."

"뭐?"

"수연이가 싫다고 하잖아!"

현석이는 의기양양하게 고개를 흔들었습니다.

"네가 수연이 애인이라도 되냐?"

선우가 그렇게 말하자 현석이의 얼굴이 빨개졌습니다.

"이 자식이?"

현석이가 선우의 멱살을 움켜잡았습니다. 현석이는 선우보다 훨씬 덩치가 컸습니다. 그렇지만 선우도 지지 않았습니다. 태권도 대련에서도 선우를 이기는 4학년은 없었습니다. 선우는 무엇이든 지는 것을 싫어합니다. 공부만 빼놓고는 모두 반에서 제일입니다.

선우는 바로 현석이를 넘어뜨렸습니다. 현석이는 덩치만 컸지 힘이 없었습니다. 쓰러진 현석이가 다시 덤볐습니다. 선우는 일어서려는 현석이의 가슴을 향해 머리를 날렸습니다. 현석이가 다시 벌렁 넘어졌습니다. 현석이는 분해서 눈물을 찔끔거렸습니다. 순식간에 일어난 일이었습니다. 난처해진 수연이는 이미 자리를 비운 뒤였습니다.

"너는 수연이가 아니야. 현석이 너나 잘하세요!"

선우는 의기양양하게 말했습니다. 이 정도면 다른 아이들한테도 자신의 힘을 과시한 것입니다. 선우는 여유 있게 손을 털었습니다. 빨리 학교를 벗어나야 했습니다. 학교 근처에서 계속 현석이와 실랑이하다가 선생님들한테 들키면 정말 큰일이기 때문입니다. 선우는 재빠르게 가방을 들었습니다. 그리고 집으로 발걸음을 옮기려고 하는 순간, 현석이의 목소리가 들렸습니다.

"거짓말쟁이!"

"뭐?"

"내 말뜻이 뭔지 모르지?"

현석이는 이상한 말을 하기 시작했습니다.

"미국 좋아하네. 너희 아빠 미국에 없어!"

"뭐야?"

선우는 어이가 없었습니다.

"못 믿겠으면 너희 엄마한테 물어 봐!"

"이 자식이!"

"어른들은 다 알아, 이 바보야!"

선우는 온몸의 힘이 쑥 빠졌습니다. 그렇지만 가만히 있을 수는 없었습니다. 대뜸 주먹을 들어 현석이의 코를 내리쳤습니다. 현석이 코에서 피가 흘렀습니다. 현석이는 바닥에 주저앉은 채 울음을 터트렸습니다.

선우는 뒤도 돌아보지 않고 집으로 돌아왔습니다. 그렇지만 마음이 편할 리가 없었습니다. 텔레비전도, 컴퓨터 게임도 눈에 들어오지 않았습니다. 학교 숙제도, 학원 숙제도 하지 않았습니다.

너희 아빠는 미국에 없어.

현석이가 말한 것이 자꾸 마음에 걸렸습니다. 선우는 아직 한 번도 그런 생각을 해 본 적이 없었습니다. 엄마는 아빠가 중요한 나랏일을 하기 때문에 함부로 전화를 할 수 없고, 귀국도 할 수 없다고 했던 것입니다. 선우는 그런 엄마의 말을 손톱만큼도 의심하지 않았습니다. 그런데 이제 다른 생각이 들었습니다.

정말 아빠가 미국에 있다면 어째서 편지 한 장, 전화 한 통화가 없었을까? 선우는 점점 이상한 생각이 들었습니다. 지금 생각해 보면 모든 것이 잘못되어 있었습니다. 엄마가 아빠와 전화 통화 하는 것을 한 번도 보지 못한 것입니다. 물론 선우 자신도 아빠의 목소리를 듣지 못했습니다.

왜 여태 그것을 생각하지 못했을까? 바보였습니다. 그동안의 일들이 쏜살처럼 지나갔습니다. 아빠에 대해서만 물으면 그냥 하얗게 웃던 엄마의 모습. 그것은 엄마뿐이 아니었습니다. 이모도 마찬가지였고, 할아버지도 마찬가지였습니다. 아무리 생각에 생각을 거듭해도 결론은 하나였습니다. 아빠는 미국에 없는 것입니다. 얼굴이 뜨거워졌습니다. 친구들에게 했던 그 많은 말들.

선우는 머리를 흔들었습니다. 자신만 몰랐던 것입니다.

아빠는 어디 있을까? 선우는 그것만 생각했습니다. 거실에 걸린 가족 사진 속의 아빠 얼굴을 쳐다보고, 또 쳐다보았습니다. 엄마, 아빠, 선우, 사진 속의 선우는 아주 어렸습니다. 선우가 세 살 때 찍은 사진입니다. 선우는 저녁 먹는 것도 잊고 멍하게 앉아 있었습니다.

전화벨이 울렸습니다. 그러나 선우는 받지 않았습니다. 현석이 말대로 정말 아빠가 미국에 없다면……. 생각만 해도 끔찍했습니다. 틈만 나면 아이들한테 아빠 자랑을 했는데. 오죽하면 별명이 '미국'인데. 선우는 한 자리에 가만있지 못하고 방 안과 거실을 서성거렸습니다.

밤늦게 엄마가 왔습니다.

"너 왜 그래?"

엄마가 대뜸 물었습니다.

선우는 고개를 흔들었습니다.

"밥은 먹었니?"

선우는 또 고개를 흔들었습니다. 넋이 나간 표정이었습니다. 눈치 빠른 엄마는 당장 그 까닭을 캐물었습니다.

"너 학교에서 무슨 일 있었니?"

그래도 선우는 엄마만 쳐다보았습니다.

그때 초인종이 울렸습니다. 짐작대로 현석이 엄마였습니다.

"아니, 웬일이세요?"

아무것도 모르는 엄마가 인사를 하려 하자 현석이 엄마는 대뜸 손을 내저었습니다.

"난 선우를 그렇게 안 봤는데……."

흥분한 현석이 엄마는 말도 잇지 못했습니다.

"무슨 일인데요?"

"글쎄, 선우가 현석이 코를 아주 뭉그러뜨려 놨어요. 좀 전에 병원에 다녀왔어요. 아무리 애들은 싸우면서 큰다지만 이건 너무하지 않아요?"

사태를 파악한 엄마는 아무 말도 하지 못하고 고개를 숙였습니다.

"제 잘못입니다. 어쩌다가……."

"코뼈가 안 부러졌기에 다행이지, 큰일 날 뻔했어요. 선우는 태권도 학원을 보낼 게 아니라, 당장 예절 학원부터 보내야 할 것 같네요."

현석이 엄마는 따발총을 쏘는 것처럼 말했습니다. 엄마는 몇 번이나 미안하다고 말했습니다. 선우도 현석이 엄마에게 꾸벅 절을 했습니다.

"한 번만 더 이런 일이 있으면 정말 가만 안 있어요!"

현석이 엄마는 다시 한 번 으름장을 놓고는 뒤도 돌아보지 않고 가 버렸습니다.

엄마가 물었습니다.

"친구한테 왜 그랬니?"

"……."

"왜 그랬어?"

"……."

선우는 아무 말도 하지 못했습니다.

엄마는 당장 매를 들 태세였습니다.

"말 못하겠니?"

그래도 선우는 그냥 엄마만 바라보았습니다. 지금 선우에게는 현석이도, 현석이 엄마도 중요하지 않았습니다. 아무 죄책감도 느끼지 못했습니다. 선우의 머리는 온통 아빠 생각으로만 가득 차 있었습니다.

"너, 정말?"

엄마가 매를 들었습니다.

"주먹을 쓰는 것이 얼마나 나쁜지 알지? 종아리 대!"

선우는 말없이 종아리를 걷었습니다. 엄마는 선우의 종아리에 매를 댔습니다. 평소 같으면 한 대라도 매를 덜 맞기 위해 바로 잘못했다고 엄살을 부릴 선우였지만, 오늘은 전혀 반응이 없었습니다. 엄마의 매가 몇 번이나 선우의 종아리를 내리쳤지만 선우는 신음 소리 한 번 내지 않았습니다. 이상해도 너무 이상하다고 느낀 엄마가 매질을 멈추었습니다. 그러곤 조용히 물었습니다.

"왜 그랬니?"

그제야 선우가 작은 목소리로 대답했습니다.

"현석이가 우리 아빠는 미국에 없다고 했어!"

엄마는 더 이상 아무 말도 하지 않았습니다. 선우도 더 이상 아무 말도 할 수 없었습니다.

그 후부터 선우는 달라졌습니다. 생각이 많아졌습니다. 엄마에게 물어보고 싶은 말이 많았습니다. 선우는 친구들과도 놀지 않았습니다. 학교에 갔다 오면 학원에 가고, 학원이 끝나면 집에 돌아와 혼자 텔레비전을 보거나 컴퓨터 게임을 했습니다. 그러나 전처럼 재미있지 않았습니다.

선우는 현석이한테 들었던 말을 자꾸 떠올렸습니다.

너희 아빠는 미국에 없어.

아빠가 정말 미국에 있다면 분명히 방학 때나 명절 때라도 와야 했습니다. 선우는 그런 생각을 몇 번이나 했습니다. 엄마도 선우에게 아무것도 묻지 않았습니다. 선우의 눈치만 살폈습니다. 이모와 무슨 이야기를 나누어도 엄마는 예전 같지가 않았습니다.

선우는 아빠가 미국에 없다는 생각을 확신하게 되었습니다. 이제는 아빠가 어디에 있는지가 궁금했습니다. 그리고 미국에 없는 아빠를 엄마는 왜 미국에 있다고 했는지도 의문이었습니다.

이제 선우는 종기 형과의 약속 같은 것은 관심도 없었습니다. 조금도 걱정이 되지 않았습니다. 선우는 학원가는 것을 자꾸 까

먹었습니다. 사실 까먹은 것이 아니라 관심이 없었습니다. 태권도 학원은 아예 가지도 않았습니다. 그것에 대해서 엄마도 별말이 없었습니다. 학교에 가서도 건성으로 공부를 했습니다.

이제 나는 어떡하나? 아이들에게 뭐라고 이야기를 해야 하나?

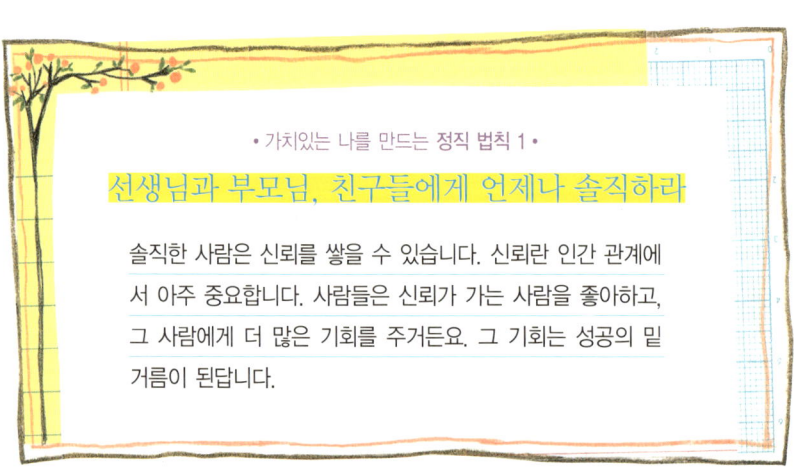

• 가치있는 나를 만드는 정직 법칙 1 •
선생님과 부모님, 친구들에게 언제나 솔직하라

솔직한 사람은 신뢰를 쌓을 수 있습니다. 신뢰란 인간 관계에서 아주 중요합니다. 사람들은 신뢰가 가는 사람을 좋아하고, 그 사람에게 더 많은 기회를 주거든요. 그 기회는 성공의 밑거름이 된답니다.

거짓말쟁이 선우

선우는 긴 한숨을 쉬었습니다. 이제 선우에게 4학년 2반 교실은 더 이상 따뜻하고 즐거운 곳이 아니었습니다.

다음날.

선우는 새벽에 잠을 깼습니다. 5분이라도 더 자려고 발버둥을 쳤던 선우가 무려 새벽 4시에 눈을 뜬 것입니다. 선우는 불도 켜지 않고 캄캄한 창밖을 바라보았습니다.

학교를 가야 하나? 한 사람도 아니고 그 많은 아이들의 얼굴을 어떻게 보나?

선우는 몇 번이나 침대에서 일어나 앉았다가 다시 창가에 서 있다가 책상에 앉았다가 했습니다. 아이들의 얼굴이 도깨비처럼 다가왔습니다.

"거짓말쟁이!"

"거짓말쟁이!"

선우의 귀에는 아이들이 그렇게 말하는 소리가 들렸습니다. 선우는 고개를 흔들었습니다. 아무리 생각에 생각을 해도 방법이 없었습니다. 반 아이들뿐만 아니라 거의 모든 선생님들도 아빠가 미국에 있다고 알고 있는데……. 이제 와서 솔직하게 털어놓을 수는 없었습니다. 선우의 얼굴은 또다시 뜨거워졌습니다. 정말 쥐구멍이라도 있으면 들어가고 싶었습니다.

그러나 학교를 가지 않을 수는 없었습니다. 벌써 엄마는 직장에 나가기 위해 분주하게 움직이고 있었습니다. 엄마가 매일 이렇게 이른 시간에 일어난다는 사실을 깨닫고 선우는 두 눈을 훔쳤습니다. 엄마를 위해서도 학교는 가야 했습니다. 선우는 어제 다 챙겨 놓은 가방을 열었습니다. 그리고 다시 꼼꼼히 챙겼습니다. 그전 같으면 어림도 없는 일이었습니다.

학교에 가자 코에 커다란 반창고를 붙이고 있는 현석이가 보였습니다. 미안했습니다. 너무 미안했습니다. 그렇지만 선우는 아무 말도 하지 못했습니다. 마음으로야 현석이에게 몇 번이나 미

안하다는 말을 하고 싶었지만 아이들이 보는 앞에서 그럴 수는 없었습니다. 그래도 몸빵파의 우두머린데.

아이들이 선우를 보고 수군거렸습니다. 그렇지만 선우는 못 들은 척했습니다.

"괜찮냐?"

종오가 조용히 물었습니다.

선우는 고개만 끄덕였습니다.

드디어 선생님이 들어왔습니다. 선생님의 눈길이 대뜸 현석이에게 갔습니다. 선생님의 양쪽 눈썹이 쑥 올라갔습니다. 아이들이 숨을 죽였습니다.

"현석이 코가 왜 그래?"

현석이가 고개를 숙였습니다.

선우도 고개를 숙였습니다.

"많이 다쳤니?"

현석이는 대답을 하지 못하고 고개만 흔들었습니다.

"이 녀석아, 그깟 코 좀 부은 걸 가지고 대답도 못해? 코가 아프지, 입이 아프냐? 씩씩하게 대답해 봐!"

선생님이 웃으며 말했습니다.

그런데도 현석이는 고개만 숙이고 있었습니다.

"그래 가지고 앞으로 이 나라를 어떻게 지킬래? 선생님 명령이다. 크게 대답해 봐!"

선생님이 이렇게 말했을 때에야 비로소 현석이가 고개를 들고 큰소리로 대답했습니다.

"하나도 안 아픕니다!"

선생님과 반 아이들이 모두 떠나갈 듯이 웃었습니다. 그러나 선우는 웃음이 나지 않았습니다.

"야, 그래도 현석이 의리 있다."

종오가 선우에게 살짝 말했습니다. 선우는 멀뚱멀뚱 책상만 바라보았습니다. 현석이에게는 미안했지만 지금 선우의 마음은 그런 것에 신경 쓸 여유가 없었습니다. 그런데도 종오는 자꾸 말을 붙였습니다.

"이따가 집에 갈 때 현석이한테 미안하다고 해."

선우는 긴 한숨을 쉬었습니다. 이제 선우에게 4학년 2반 교실은 더 이상 따뜻하고 즐거운 곳이 아니었습니다. 하루아침에 세상이 바뀐 것입니다. 선우는 불안했습니다. 반 아이들의 얼굴이 무서웠습니다. 이제 반 아이들을 놀려 먹는다는 것은 상상조차

 할 수 없는 일이었습니다. 이제 교실은 조금이라도 일찍 벗어나고 싶은 지옥이 되어 버린 것입니다. 아이들 중 누가 아빠에 대해서 물어오면……. 선우는 가슴을 졸였습니다.

 선우는 수업 시간은 물론이고, 쉬는 시간에도 단 한마디도 하지 않았습니다. 아니, 하지 못했습니다. 그런데 점심시간, 생글생글 웃으며 수연이가 다가왔습니다. 수연이의 손엔 무려 다섯 권의 만화책이 들려 있었습니다. 아이들이 소리를 질렀습니다.

 "와!"

그러나 선우는 입을 꽉 다물고 있었습니다.

"선우야?"

수연이가 밝은 목소리로 부르자 선우는 대답하지 않을 수가 없었습니다.

"응."

선우가 마지못해 대답했습니다.

"이거."

수연이가 만화책을 두 손으로 내밀었습니다. 아이들이 다시 소리를 질렀습니다. 하지만 선우는 만화책을 받지 않았습니다.

"너 이것 때문에 그랬잖아?"

마음씨 착한 수연이. 그렇지만 선우에게 이제 만화책은 관심의 대상이 아니었습니다.

"받아."

수연이가 다시 말했습니다.

그제야 선우가 고개를 흔들었습니다.

"만화책 없어도 돼."

수연이가 갸웃 고개를 기울였습니다.

"야아, 너 종기 형하고 약속했잖아."

종오가 놀라서 말했습니다.

"됐어. 수연아, 고맙다. 어제는……."

선우는 말을 잇지 못하고 화장실로 달려갔습니다. 이유는 모르지만 눈물이 쏟아질 것 같았기 때문입니다. 선우는 화장실 거울을 바라보며 흐르는 눈물을 닦았습니다. 괜스레 자기만 외톨이인 것 같은 서러운 생각이 들었습니다.

선우는 아이들에게 눈물 자국을 들키지 않기 위해 태어나서 가장 많이 세수를 했습니다. 그러나 빨갛게 된 눈은 감출 수가 없었습니다. 선우가 다시 제자리로 돌아왔을 때 선우의 책상 위엔 만화책 다섯 권이 가지런히 놓여 있었습니다.

아이들이 여기저기서 수군거렸습니다.

"선우 쟤, 수연이한테 감동 먹었나 봐."

"히히, 쟤 수연이 좋아하는 거 아냐?"

"아니야. 쟨 3반 지은이 좋아하잖아."

그래도 선우는 아무 말도 하지 않았습니다.

"야, 잘됐다. 이제 모든 게 해결됐잖아."

종오가 선우의 어깨를 쳤습니다.

그러나 선우는 만화책을 말없이 수연이에게 돌려주고 제자리로 왔습니다. 이번에는 수연이도, 다른 친구들도 아무 말도 하지 못했습니다. 천년보다 길었던 수요일 수업은 그렇게 끝막음이 되었습니다.

그날 저녁.

학원을 마친 선우는 혼자 터덜터덜 장미 길을 지났습니다. 집으로 가는 길이 아니었습니다. 어쩐지 가로수 길을 걷고 싶었습니다. 선우는 가방을 어깨에 메지 않고, 한쪽 손으로 잡고는 휘적휘적 걸었습니다. 텔레비전이나 드라마에서 보았던 아버지 없는 아이, 그 아이가 어쩌면 자신일지도 몰랐습니다. 어둑어둑한 길, 사람들이 드문드문 다녔습니다. 어차피 일찍 들어가 봐야 엄마도 없는 집이었습니다.

그런데 그때 선우의 뒤를 따르는 검은 그림자 몇이 있었습니다. 종기 형이었습니다. 선우는 종기 형과 다른 형들이 자기를 쫓아오고 있는 것을 알았습니다. 그렇지만 그냥 걸었습니다. 멀리 학교가 보이는 구부러진 골목길 앞에서 선우는 걸음을 멈췄습니다. 종기 형을 포함해서 네 명의 5학년 형들이 선우 앞을 가로막은 것입니다.

"너?"

종기 형이 떡 버티고 있었습니다.

선우는 종기 형의 얼굴을 똑바로 쳐다보았습니다. 조금도 겁나지 않았습니다. 그렇지 않아도 누군가와 한바탕 싸움을 하고 싶었습니다. 그런 느낌을 알았는지 종기 형도 조금 머뭇거리는 것 같았습니다.

"왜?"

선우는 아무렇지도 않게 대답했습니다.

종기 형의 눈이 휘둥그레졌습니다.

"왜에?"

너무 어이가 없어 종기 형은 도리어 웃었습니다.

"만화책?"

종기 형이 손을 내밀었습니다.

선우가 고개를 저었습니다.

"겁나는 게 없다 이거지?"

종기 형은 곧 주먹으로 내려칠 기세였습니다.

"종기야, 얘 반항하는데?"

옆에 있던 형도 주먹을 들었습니다.

"난 만화책 없어."

선우는 짧게 말했습니다.

종기 형이 숨을 크게 내쉬었습니다.

"너 수연이라는 애가 만화책 주는 것도 받지 않았다며?"

"난 만화책도 없고, 만화책 살 돈도 없어."

선우는 아주 분명하게 말했습니다.

"수연이가 주는 거 왜 안 받았어?"

종기 형은 이제 더 이상 참을 수 없다는 듯 몸을 부르르 떨었습니다.

"그건 수연이 만화책이지, 내 만화책이 아니야."

선우의 그 말이 떨어지자마자 종기 형의 주먹이 선우에게 날아왔습니다. 선우는 그 주먹을 고스란히 맞았습니다. 주먹은 왼쪽 뺨을 강타했습니다. 그러나 선우는 뚫어지게 종기 형을 쳐다보았습니다. 주춤 종기 형이 뒤로 물러섰습니다.

그때였습니다. 선우가 들고 있던 가방을 땅바닥에 내리쳤습니다. 와장창 무엇인가 부서지는 소리가 났습니다. 선우는 고함을 질렀습니다.

"나, 만화책 없다고 했잖아!"

선우의 목소리에 지나가던 사람들이 모여들었습니다. 그 사람들 중에는 학원을 마치고 집에 돌아가던 지은이도 있었습니다. 물론 선우는 알지 못했습니다.

"어, 어어!"

종기 형과 다른 형들이 슬금슬금 뒷걸음질쳤습니다.

"나한테 한 번만 더 만화책 얘기하면 가만 안 둘 거야!"

미친 사람처럼 선우는 고래고래 고함을 질렀습니다. 몰려들었던 몇몇 어른들도 그 소리에 놀라 수군댔습니다.

"아이고, 조그만 놈이 못됐네."

"저 놈 잘못하면 어른한테도 덤비겠어."

"요즘 애들 큰일이야."

어른들이 혀를 차며 지나쳤습니다.

놀란 지은이도 바위처럼 굳어 움직이지 못했습니다. 선우는 그제야 이 모든 상황을 지은이가 보았다는 것을 알았습니다. 지은이는 선우의 단짝 친구였습니다. 2학년, 3학년 때는 줄곧 같은 반이었습니다. 선우는 조용히 가방을 들었습니다. 그리고 집으로 향했습니다.

"선우야! 선우야!"

겨우 정신을 차린 지은이가 선우를 따라오며 불렀습니다. 그러나 선우의 발걸음은 바람처럼 빨랐습니다. 도저히 지은이를 볼 면목이 없었습니다. 선우는 자신이 왜 그렇게 행동했는지도 몰랐습니다. 그냥 슬프기만 했습니다.

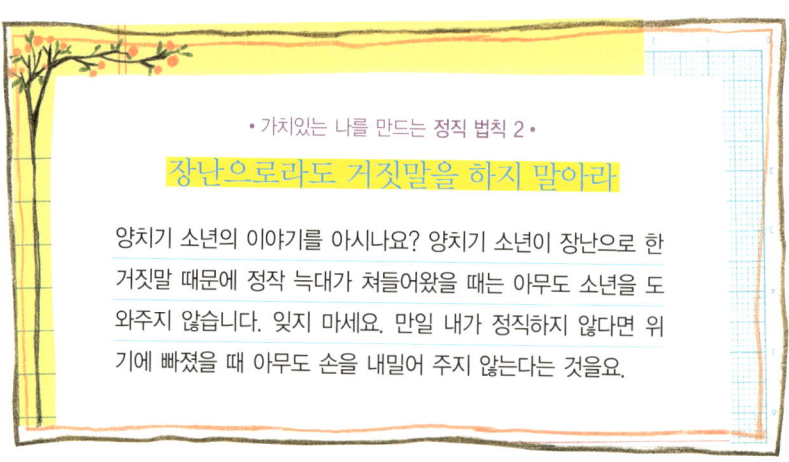

• 가치있는 나를 만드는 정직 법칙 2 •
장난으로라도 거짓말을 하지 말아라

양치기 소년의 이야기를 아시나요? 양치기 소년이 장난으로 한 거짓말 때문에 정작 늑대가 쳐들어왔을 때는 아무도 소년을 도와주지 않습니다. 잊지 마세요. 만일 내가 정직하지 않다면 위기에 빠졌을 때 아무도 손을 내밀어 주지 않는다는 것을요.

지은이의 생일

우리 아빠도 저렇게 젊을까?
선우는 자꾸 지은이 아빠를 쳐다보았습니다.

"내일 내 생일이야."

지은이가 아무렇지도 않게 말했을 때 선우는 그냥 고개만 끄덕였습니다. 전 같으면 만세를 불렀을 것입니다. 선우는 물끄러미 지은이를 쳐다보았습니다. 그러나 속 깊은 지은이는 지난 얘기는 조금도 하지 않았습니다. 선우는 그것이 너무 고마웠습니다.

"오기 싫어?"

선우의 덤덤한 태도 때문인지 지은이가 물었습니다.

"누구누구 오는데?"

"그럴 줄 알고 선우 네가 싫어하는 애들은 다 뺐어."

지은이가 선우를 쳐다보며 생긋 웃었습니다.

선우는 고개를 끄덕였습니다. 안 갈 수가 없었습니다. 지난겨울 선우 생일 때 지은이는 예쁜 목도리와 장갑을 선물했던 것입니다.

"내일 지은이 생일이래."

선우는 엄마에게 간단하게 말했습니다.

"갔다가 일찍 오렴."

엄마는 선우가 다른 집에 가는 걸 좋아하지 않았습니다. 선우와 엄마의 대화는 그것으로 끝이었습니다. 그전 같으면 학교에서 일어난 일, 학원에서 일어난 일을 꼬치꼬치 이야기했을 선우였지만, 이제는 그러고 싶지 않았습니다. 엄마도 마찬가지였습니다. 항상 새벽에 나가서 밤늦게 돌아오는 엄마는 많이 피곤해했습니다. 요즈음 들어 엄마는 이모하고도 이야기를 나누지 않았습니다. 대학 졸업반인 막내 이모도 논문을 준비하느라고 정신이 없었습니다.

지은이 생일날.

초대된 친구는 다섯 명이었습니다. 남자애들 두 명, 여자애들 세 명. 지은이네 집은 학교 옆 초록색 대문 집이었습니다. 마당에는 감나무도 있고, 살구나무, 자두나무도 많았습니다. 지은이 방은 이 층이었습니다. 지은이는 아빠의 서재에 딸린 작은 방 한 칸을 쓰고 있었습니다. 파티는 지은이 아빠의 서재에서 열렸습니다. 선우는 태어나서 그렇게 많은 책은 처음 보았습니다. 사방 벽면에 빼곡히 책이 쌓여 있었습니다.

파티에는 지은이 할머니와 아빠, 엄마, 그리고 동생 민지까지 참석했습니다. 넓은 방에 두 개의 상이 놓였고, 그 위에 가득 음식이 차려져 있었습니다. 선우가 좋아하는 피자와 닭다리, 그리고 콜라도 있었습니다. 친구들이 차례로 지은이에게 가져온 선물을 주었습니다. 지연이는 노란 머리띠를, 호진이는 동화책을, 선우는 삐삐 필통을 선물했습니다.

드디어 촛불이 환하게 켜졌습니다.

"생일 축하합니다. 생일 축하합니다. 사랑하는 지은이 생일 축하합니다!"

모두들 손뼉을 치며 노래를 불렀습니다. 그러나 선우는 큰소리로 노래를 부를 수 없었습니다.

이윽고 지은이가 입으로 바람을 불어 모든 촛불을 한꺼번에 껐

습니다.

"와아!"

모두들 함성을 질렀습니다.

"생일잔치 마련해 주신 할머니, 엄마, 아빠 감사합니다. 그리고 축하해 주러 온 친구들도 감사!"

지은이는 4학년 3반 반장답게 또박또박 인사도 잘했습니다.

"다음은 케이크!"

민지가 군침을 삼키며 거들었습니다.

지은이와 할머니가 케이크를 잘랐습니다.

"그럼, 이제 먹는 일만 남았군."

지은이 아빠가 빙긋 웃었습니다. 지은이 아빠는 검은 테 안경을 쓴 아주 젊은 분이었습니다. 우리 아빠도 저렇게 젊을까? 선우는 자꾸 지은이 아빠를 쳐다보았습니다. 지은이 엄마는 많이 보았지만 지은이 아빠는 처음 보았던 것입니다. 지은이 엄마는 연신 음식을 갖다 날랐습니다. 고운 지은이 엄마를 보면서 선우는 자신의 엄마가 너무 늙었다는 생각을 했습니다.

"네가 선우구나. 지은이하고 친하다며?"

지은이 아빠가 물었습니다.

"3학년 때 짝이었어요."

지은이 엄마가 대답했습니다.

"듣던 대로 아주 똘똘하게 생겼구나."

"아빠는?"

지은이가 그 말이 나오기를 기다렸다는 듯 대답했습니다.

"선우 아빠는 미국에 공부하러 가셨어요. 내년이면 오신대요. 그러면 곧바로 미국으로 간대요."

선우는 고개를 푹 숙였습니다.

"그래? 선우는 좋겠다."

지은이 아빠가 빙긋 웃었습니다.

"너희들 모두 무슨 책이든 빌려가도 좋아. 대신 깨끗하게 보고 돌려주어야 한다."

지은이 아빠의 말에 아이들이 환호성을 질렀습니다. 지은이 아빠 서재엔 학교 도서관보다 더 좋은 책들이 많았습니다.

맛있는 음식을 다 먹고 나서 모두들 이 층의 마당으로 나왔습니다. 마당에는 지은이 할머니가 가꾸는 텃밭이 잘 정돈되어 있었습니다. 고추, 토마토, 오이가 탐스럽게 열려 있었고, 이 층 옥상을 덮고도 남을 만큼 큰 살구나무에는 주먹만 한 살구가 주렁 주렁 달려 있었습니다. 지은이는 나무와 꽃 이름을 정말 많이 알았습니다.

"살구가 익으면 그때 우리 같이 따자."

선우는 몸 둘 바를 몰랐습니다. 지은이 엄마도, 아빠도 다른 아이들보다 선우에게 더 친절했던 것입니다. 다른 친구들이 모두 돌아갔는데도 지은이는 선우를 붙잡았습니다.

선우와 지은이는 장독대 옆에 나란히 앉았습니다.

"우리 식구들 모두 네가 마음에 드나 봐."

지은이가 환하게 웃었습니다.

해가 지고, 땅거미가 내렸습니다.

"왜 그랬어?"

지은이는 종기 형하고의 일을 묻는 것입니다.

선우는 고개를 푹 숙였습니다.

"종기 오빠가 널 괴롭히는 것은 알지만, 너무 심하더라."

지은이가 조용히 말했습니다.

"나도 알고 있어."

지은이가 선우의 어깨를 툭 쳤습니다.

"그래, 잘못한 걸 알면 됐어. 나도 엄마하고

싸울 때면 가방 던지는걸."

"에이, 거짓말?"

믿기지 않는 일이었습니다.

"정말이야. 그래서 아빠한테 엄청 혼났는걸."

지은이가 하얗게 웃었습니다.

선우는 지은이가 너무 부러웠습니다.

"너는 좋겠다."

"뭐가?"

"아빠도 계시고, 동생도 있고, 할머니도……."

"너도 미국에 아빠 계시고, 시골에 할아버지 계시고, 동생이 없는 대신 이모들이 많잖아."

지은이 말을 듣고 보니 그랬습니다. 그러나 아빠를 생각하면 가슴이 두근거렸습니다. 빨리 집에 가고 싶었습니다. 선우는 지은이와 얼굴도 마주치지 못하고 조용하게 말했습니다.

"난 항상 혼자야."

"그래서 풀이 팍 죽은 거야?"

"그냥."

"현석이하고 싸워서 그러니?"

"아니."

선우는 부끄러웠습니다.

선우가 대문을 나섰을 때 지은이 할머니가 선우를 불렀습니다.

"선우야?"

"예?"

"공부는 왜 해야 되는지 아니?"

느닷없는 말이었습니다. 선우는 멍청하게 할머니를 바라보았습니다.

"컴퓨터 게임은 게임이라고 하지? 공부는 아무도 공부 놀이라고 하거나 공부 게임이라고 하지 않는다. 게임이나 놀이는 잠깐 머리를 식히기 위해 하는 것이지."

선우는 고개를 숙였습니다. 잘은 몰라도 할머니의 말뜻은 알 수 있었습니다.

"내가 왜 이렇게 늙은 줄 아니?"

"……."

"오래 살았으니까. 오래 살면 누구나 이렇게 늙는단다. 선우야, 너도 오래 살면 나처럼 된단다. 너도 할아버지가 된단 말이다. 선우 할아버지!"

그 말을 한 할머니도, 지은이도, 선우도 웃었습니다.

"선우야, 엄마 말 잘 들어야 한다."

할머니는 할아버지처럼 선우의 머리를 쓰다듬었습니다. 선우는 얼른 그 자리를 벗어나고 싶었습니다. 유독 지은이 할머니가 자기에게 친절한 것이 마음에 걸렸습니다. 분명 까닭이 있다고 생각했습니다.

집에 돌아온 선우는 이모에게 조심스럽게 말을 꺼냈습니다.

"지은이 할머니가 몇 번이나 내 머리를 쓰다듬었어."

"그게 어때서?"

"이상하지 않아?"

선우는 일부러 이모를 빤히 쳐다보았습니다. 이쯤이면 이모가 무슨 말인가를 할 것이라고 생각했습니다. 그러나 이모는 아무렇지도 않게 대답했습니다.

"원래 할머니들은 그런다니까."

선우는 다시 조심스럽게 말을 꺼냈습니다.

"이모, 미국에서 아빠는 무슨 공부하셔?"

"누가 물어보든?"

"아니."

"아빠는 미국에서 국제 정보학을 공부하고 계시지. 국제 정보학이란 말이다, 어떻게 하면 나라를 잘 운영하는지를 연구하는 거야. 그래서 아빠는……."

그러나 이모의 말은 더 이상 이어지지 못했습니다. 사실 더 들어 봐야 뻔한 말이었습니다. 너무나 중요한 일을 하기 때문에 우리나라에 올 수도 없고, 전화도 할 수 없다는 것입니다. 그러나 이제 선우에게 그런 것은 더 이상 통하지 않았습니다. 벌써 4학년인데. 선우는 아직도 이모가 자신을 어린애로 보고 있다고 생각했습니다.

"뉴욕에서?"

"응……."

이모는 얼굴이 빨개졌습니다.

"유엔 본부에 계시나?"

"응?"

"아빠보다 더 중요한 일을 하는 사람도 가족들하고는 전화도 하고, 만나기도 하던데? 이모는 엄마하고 아빠하고 언제 통화했는지 알아?"

이모가 눈길을 돌렸습니다. 쓸쓸한 이모의 표정. 그 표정을 보자 이모를 다그치던 선우의 마음은 눈같이 녹아 버렸습니다.

이모가 저럴 정도면 엄마의 마음은 어떨까? 그래, 엄마 스스로 모든 것을 이야기할 때까지 기다리는 거다.

선우는 통 크게 이해하기로 했습니다. 엄마에게는 분명 말 못할 사정이 있다고 생각했습니다.

그때 현관문을 벌컥 열고 엄마가 들어왔습니다. 이모는 눈에 가득 눈물을 머금은 채 얼른 자기 방으로 달려갔습니다.

"이모, 왜 저러니?"

엄마가 고개를 흔들며 물었습니다.

"애인하고 사이가 안 좋대."

선우가 일부러 능청을 떨었습니다.

"어디, 그런 일이 한두 번이냐?"

엄마가 환하게 웃었습니다.

"몰라. 오늘 바람맞았나 봐."

선우는 한 걸음 더 나갔습니다.

"흐흐, 조금 슬프긴 하겠다. 하루라도 안 보면 죽고 못 살더니."

그때 선우가 그만 마음에 있는 말을 하고 말았습니다.

"엄마도 아빠 보고 싶지?"

엄마가 선우를 물끄러미 쳐다보았습니다. 엄마의 눈이 반짝였습니다. 엄마가 선우를 두 팔을 벌려 꼭 안았습니다. 엄마에게는 항상 생선 비린내가 났습니다.

"아이고, 비린내."

"엄마가 근무하는 관리소가 생선 시장 안이니까."

그러나 '까' 엄마 품은 항상 따뜻했습니다. 선우는 더 이상 아무 말도 하지 않았습니다. 내일부터는 친구들하고 잘 놀고, 공부도 열심히 해야겠다고 생각했습니다. 그러나 선우는 엄마의 뺨에 흘러내리는 눈물을 보지 못했습니다.

숙제 정직한 인물 조사하기

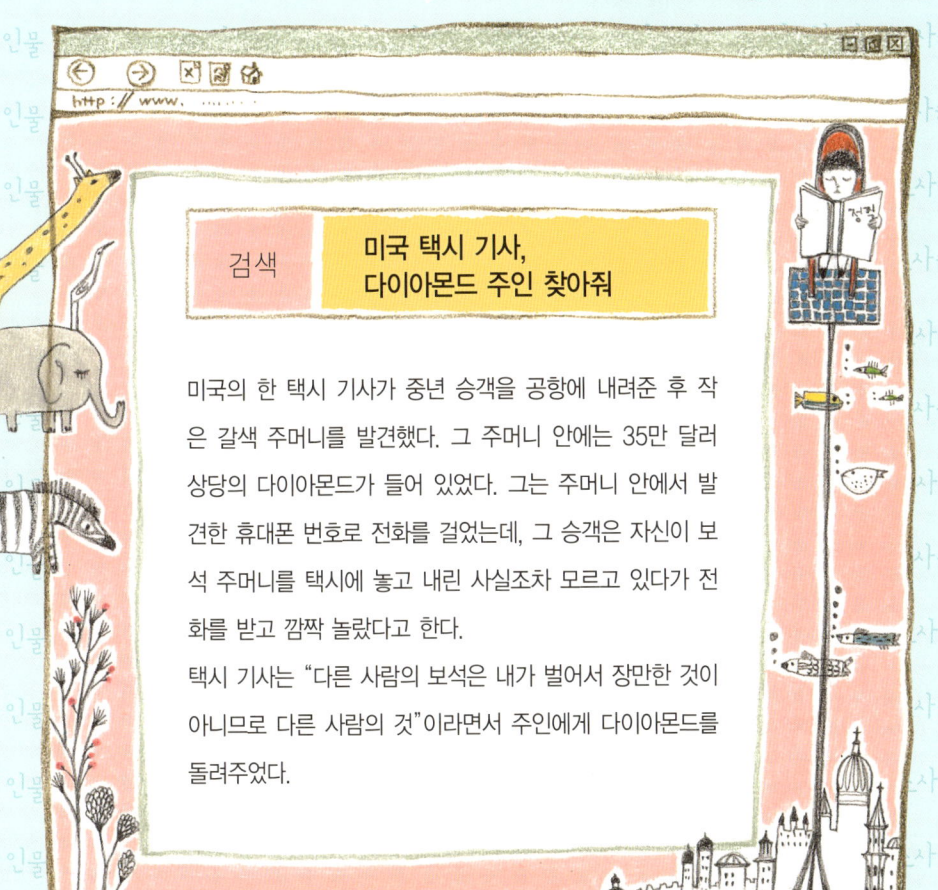

검색 미국 택시 기사, 다이아몬드 주인 찾아줘

미국의 한 택시 기사가 중년 승객을 공항에 내려준 후 작은 갈색 주머니를 발견했다. 그 주머니 안에는 35만 달러 상당의 다이아몬드가 들어 있었다. 그는 주머니 안에서 발견한 휴대폰 번호로 전화를 걸었는데, 그 승객은 자신이 보석 주머니를 택시에 놓고 내린 사실조차 모르고 있다가 전화를 받고 깜짝 놀랐다고 한다.

택시 기사는 "다른 사람의 보석은 내가 벌어서 장만한 것이 아니므로 다른 사람의 것"이라면서 주인에게 다이아몬드를 돌려주었다.

35만 달러?! 그 돈이면 만화책을 엄청 많이 살 수 있을 텐데……. 아무도 본 사람도 없는데 그 큰돈을 주인에게 돌려줬다는 건 정말 대단하다. 셰익스피어는 "정직만큼 풍부한 재산은 없다"라고 했다. 그 택시 기사는 마음이 아마 세상에서 제일 부자일 거다.

• 정직 셋 •

스스로의 양심을 깨끗이 지켜 나가는 것

정직은 자신의 양심에 따라서 스스로 마음을 깨끗하게
지켜 가는 것입니다. 그것이 내면적 정직입니다.
이것은 높은 인격과 뚜렷한 가치관을 가지고 있어야 가능하지요.
정직한 사람들은 체면보다는 스스로 마음을 반성하고
살피는 것을 중요하게 생각합니다.

선우는 자기가 한 거짓말 때문에 친구들이 자신을
어떻게 볼지 걱정합니다. 선우는 과연 어떻게 될까요?

바르게 살아가는 힘_정직

정말 우리 아빠 미국에 있어?

사진 속의 아빠가 선우를 쳐다보고 있습니다.
그렇지만 선우는 아빠를 기억하지 못합니다.

    선우는 그동안 나가지 않았던 태권도 학원에 나갔습니다. 교실에서 하지 못했던 미안하다는 말을 현석이에게 하고 싶었습니다. 토요일엔 수업이 없지만 아이들은 학원에서 모여 놀았습니다. 그러나 현석이는 학원에 나오지 않는다고 했습니다. 선우는 마음이 아팠습니다. 곧바로 학원을 빠져나왔습니다.

    가슴이 답답했습니다. 누군가와 이야기를 하고 싶었습니다. 선우는 은행나무가 줄지어 서 있는 거리를 걷다가 지은이네 집으로 발걸음을 돌렸습니다. 그러나 초록 대문 앞에서 한참을 망설이다 그냥 돌아서고 말았습니다.

학교 앞 사거리. 종오가 씩씩하게 걸어오고 있었습니다. 선우는 너무 반가웠습니다. 역시 선우한테는 종오밖에 없었습니다.

"종오야!"

"선우야!"

그러나 종오 뒤에는 배드민턴 채를 손에 쥔 종오 아빠가 서 있었습니다.

"안녕하세요?"

선우는 얼떨결에 꾸벅 인사를 했습니다.

"네가 그 유명한 선우구나."

"예."

"선우야, 아빠하고 학교로 배드민턴 치러 가는데 너도 가자?"

종오가 신나게 말했습니다. 예전 같으면 대뜸 좋다고 박수를 치며 따라갈 선우였지만 그렇게 하고 싶지가 않았습니다. 선우는 고개를 저었습니다. 달라진 것입니다. 어딜 가나 아빠를 자랑하며 너스레를 떨던 자신이 부끄러웠습니다.

"나 약속이 있어."

"누구하고?"

종오가 눈을 동그랗게 뜨고 물었습니다. 그동안 선우의 모든 약속은 종오가 다 알고 있었기 때문입니다. 종오는 언제나 선우의 가장 믿을 수 있는 친구였습니다.

"지은이하고."

선우는 얼떨결에 이렇게 말했습니다.

"지은이? 우와, 좋겠다."

"아빠하고 잘 놀아."

선우는 종오 아빠에게 다시 꾸벅 인사를 하고는 돌아섰습니다. 그러나 선우는 다시 뒤돌아서서 종오가 아빠의 손을 잡고 학교 운동장으로 사라질 때까지 바라보았습니다. 괜스레 눈물이 찔끔 났습니다. 종오는 공부도 잘하고, 놀기도 잘하고, 게다가 저렇게 멋진 아빠까지 있는 것입니다. 괜시리 종오와는 옛날처럼 친한 친구가 될 수 없을 것만 같은 생각이 들었습니다.

선우는 물끄러미 학교 교문을 바라보다가 동네 놀이터로 갔습니다. 평소에 그렇게 많던 친구들이 하나도 없었습니다. 토요일에는 모두 엄마 아빠와 함께 지내는지 보이지 않았습니다. 선우는 터덜터덜 집으로 발걸음을 돌렸습니다.

그런데 뜻밖에도 슈퍼 앞에 지은이가 서 있었습니다. 선우는 큰소리로 지은이를 불렀습니다.

"지은아! 여기서 뭐하니?"

그때 동생 민지가 뛰어와서 지은이의 손을 잡아끌었습니다.

"오늘 우리 식구들 청주 고모한테 가기로 했어."

지은이가 웃으며 대답했습니다.

"내일 일찍 오면 전화할게."

"나도 엄마 심부름 나왔어. 잘 갔다 와!"

일부러 큰소리로 말했지만 온몸의 힘이 빠졌습니다. 선우는 천천히 뒤돌아섰습니다. 아무도 없는 집에 들어가기는 정말 싫었습니다. 선우는 다시 학교로 갔습니다. 월요일에는 '꿈나무 축제'가 열리기 때문에 학교는 깨끗하게 단장되어 있었습니다. 역시 학교는 이 세상에서 가장 좋은 곳입니다.

매향 초등학교 꿈나무 축제

커다란 현수막이 교문에 걸리고, 색색의 깃발들이 펄럭이고 있었습니다. 선우는 가슴이 두근거리기 시작했습니다. 선우가 그린 그림이 복도에 걸려 있습니다. 축제 때는 엄마도 오고, 이모도 온다고 했습니다. 선우는 운동장에 걸린 깃발들을 한참 동안 쳐

다보다가 발걸음을 돌렸습니다.

그러나 그네에도, 미끄럼틀에도 또래 친구들은 없었습니다. 텅 빈 운동장에는 무슨 꽃인지 알 수 없는 꽃잎이 흩날렸습니다. 선우는 이 층의 맨 끝에 자리 잡은 4학년 2반을 물끄러미 쳐다보았

습니다. 가지런히 커튼이 쳐져 있었습니다. 그 사이 햇볕은 열기를 잃고 사그라지기 시작했습니다. 땅거미가 내려오고 있었습니다. 선선한 바람이 불었습니다. 멀리서 종오가 아빠와 함께 배드민턴을 치고 있는 모습이 보였습니다. 선우는 일부러 나무가 우거진 미끄럼틀 옆으로 갔습니다.

 선우는 등나무 의자에 앉아 담장 옆에 서 있는 나무들을 세기 시작했습니다. 벚나무가 열세 그루, 플라타너스가 여섯 그루, 등나무 네 그루, 그리고 이름 모르는 나무들이 일곱 그루……. 그러나 그것도 재미가 없었습니다.

 그때였습니다. 배드민턴을 다 친 종오가 아빠와 함께 교문 쪽으로 향하고 있는 것이 보였습니다. 선우는 슬그머니 몸을 숨겼습니다. 죄지은 것도 없는데 왠지 움츠러들었습니다. 학교에 혼자 앉아 있는 것을 보이고 싶지 않았습니다. 현석이하고 싸운 이후 선우는 달라져도 너무 달라진 것입니다.

사방이 어둑어둑해지기 시작했습니다. 어두운 운동장엔 아무도 없었습니다. 이제 더 이상 갈 곳이 없었습니다. 선우는 터벅터벅 집으로 돌아왔습니다. 집에는 역시 아무도 없었습니다.

선우는 들어오자마자 텔레비전 리모컨 버튼을 눌렀습니다. 만화 영화가 하고 있었습니다. 하나도 재미없었습니다. 선우는 벌렁 누웠습니다. 사진 속의 아빠가 선우를 쳐다보고 있었습니다. 그렇지만 선우는 아빠를 기억하지 못합니다. 아빠와 함께 보낸 기억이 전혀 없었습니다.

선우는 엄마를 생각했습니다. 무슨 이유로 엄마는 뻔한 거짓말을 하고 있을까? 이제 선우의 관심은 아빠가 아니라 엄마가 되었습니다. 그리고 엄마의 말을 믿고 떠벌린 자신의 말이 되고 말았습니다. 그렇지만 그렇게 수없이 한 말을 다시 주워 담을 수는 없는 노릇이었습니다.

친구들이 없는 다른 나라로 이민을 가면 어떨까? 아니지, 굳이 다른 나라로 가지 않고 다른 동네로 이사를 가면…….

그때 전화벨이 울렸습니다. 엄마였습니다.

"오늘 늦으니까 꼭 저녁 챙겨 먹어라."

그러나 선우는 듣고만 있었습니다. 엄마의 전화가 별로 반갑지 않았습니다. 그 후에도 전화벨이 울렸습니다. 막내 이모가 분명했습니다. 막내 이모는 전화를 하면 언제나 선우의 하루 일과를 꼬치꼬치 캐물었습니다. 그래서 선우는 전화를 받지 않았습니다. 모든 것이 다 귀찮았습니다.

엄마는 10시가 넘어서야 집으로 돌아왔습니다.

"선우야!"

그러나 선우는 그대로 방에 누워 있었습니다. 엄마의 목소리를 듣자 공연히 눈물이 흘렀습니다.

엄마가 방문을 열었습니다. 그래도 선우는 꼼짝도 하지 않았습니다.

"선우, 골났니?"

엄마가 선우의 손을 잡았습니다. 그러나 선우는 얼른 고개를 돌려 버렸습니다.

"너 전화도 안 받았다며?"

"나 잤어."

순 거짓말이었습니다.

"그렇다고 전화를 안 받으면 어떡해? 이모가 너 꿈나무 축제 때문에 전화한 것 같은데…….."

"잤다니까!"

선우는 약간 신경질적으로 말했습니다.

"왜 그래?"

선우의 뺨에 눈물 자국이 있었습니다.

"오늘 회사에서 바쁜 일이 있었어. 다음부터는 절대로 늦지 않을게."

엄마가 미안해하며 선우에게 이렇게 말했습니다.

사실 선우는 엄마가 늦게 돌아와서 화가 난 것이 아니었습니다. 그러나 선우는 아무 말도 하지 않았습니다. 엄마의 오른쪽 엄지손가락에 일회용 밴드가 붙어 있었습니다. 자주 있는 일이었습니다. 선우는 엄마에게 미안했습니다.

"엄마, 또 다쳤어?"

"아니, 문에 살짝 긁혔어."

"왜 만날 다쳐?"

"엄마가 얼른 맛있는 거 해 줄게!"

엄마는 품에 가득 선우를 안았습니다.

드디어 월요일.

매향 초등학교, 꿈나무 축제가 열렸습니다.

아침부터 많은 엄마 아빠들이 교실을 찾아왔습니다. 선우의 눈이 자꾸 교실 뒤와 복도로 갔습니다. 수연이 엄마, 종오 엄마, 반 아이들 엄마는 거의 다 온 것 같았습니다. 그러나 선우 엄마는 보이지 않았습니다. 이모도 보이지 않았습니다. 4교시가 끝날 때까지 엄마와 이모는 나타나지 않았습니다.

"너희 엄마 안 오시네."

오히려 종오가 울상이 되어 말했습니다.

선우는 얼른 운동장을 빠져나왔습니다. 종오도 선우를 붙잡지 못했습니다.

선우는 밥도 먹지 않고 엄마를 기다렸습니다. 하지만 엄마는 평소보다 더 늦게 돌아왔습니다.

"선우야, 미안해. 꼭 가려고 했는데 갑자기 일이 생겨서. 이모 왔었니?"

더 이상 듣고 싶지 않았습니다.

"정말 우리 아빠 미국에 있어?"

선우는 가슴에 담아 두었던 말을 기어이 하고야 말았습니다.

엄마는 멍하게 선우를 쳐다보았습니다.

"정말 우리 아빠 미국에 있냐고?"

선우는 울면서 소리를 질렀습니다.

엄마가 선우의 손을 잡았습니다. 그러나 선우는 엄마를 뿌리치고 방으로 들어갔습니다.

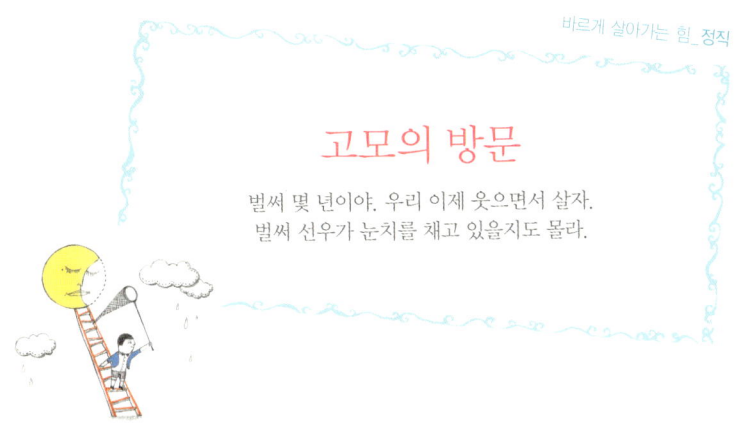

바르게 살아가는 힘_정직

고모의 방문

벌써 몇 년이야. 우리 이제 웃으면서 살자.
벌써 선우가 눈치를 채고 있을지도 몰라.

선우가 엄마와 그렇게 오래도록 이야기를 나누지 않은 것은 처음 있는 일이었습니다. 선우는 아무런 말썽도 부리지 않았습니다. 학교에서 그랬듯이 집에서도 엄마와 다투지 않았습니다. 그저 주어진 시간에 맞춰 학교를 가고, 학원을 갔습니다. 무슨 생각에서인지 엄마도 굳이 그런 선우에게 말을 붙이지 않았습니다. 속이 타는 것은 이모였습니다.

"선우야, 얘기 좀 하자."

엄마가 들어오지 않은 저녁 시간에 이모가 선우 방에 들어왔습니다. 예전 같으면 함께 텔레비전을 보며 즐거울 시간에 선우는 방에 혼자 틀어박혀 있었습니다.

"왜?"

선우가 싸늘하게 되물었습니다.

"너 엄마하고 왜 얘기 안 해?"

"그냥."

선우는 시큰둥하게 말했습니다.

"엄마가 얼마나 힘든 줄 알지?"

"알아."

"그런데?"

"그럼, 내가 어떻게 해야 하는데? 내가 학교 가지 말고 엄마 대신 직장에 나갈까?"

선우는 얼굴 하나 붉히지 않고 또박또박 말대꾸를 했습니다.

이모의 눈에 불이 났습니다.

"너 지금 뭐라고 했어?"

"이모는 우리 집 일에 참견 마."

선우는 이모의 가슴에 대못을 박았습니다.

"선우야……."

놀란 이모는 더 이상 어쩌지 못하고 두 손으로 얼굴을 감싸 쥐고 나갔습니다. 지난번 종기 형 앞에서 가방을 던졌을 때처럼 곧바로 후회가 되었습니다. 눈물이 나왔습니다. 다른 사람도 아닌 이모한테, 언제나 이 세상에서 선우만을 제일 사랑한다고 입버릇처럼 말하는 이모한테 그런 말을 하다니. 선우는 선 채로 울었습니다. 그때 불현듯 지은이의 얼굴이 떠올랐습니다.

그래, 잘못한 걸 알면 됐어. 나도 엄마하고 싸울 때면 가방 던지는걸.

가만 있을 수 없었습니다. 선우는 이모의 방문을 열었습니다. 이모는 선 채로 창밖을 바라보고 있었습니다. 이모의 뺨은 눈물로 얼룩져 있었습니다.
"이모!"
선우가 이모에게 달려갔습니다. 이모가 대뜸 선우를 안았습니다.
"미안해."
선우는 이모 품에 안겨 울었습니다. 이모가 선우의 등을 두드렸습니다.

"우리 선우, 이모가 많이 미안하다."
이모는 울먹이고 있었습니다.
"아니야."

선우는 그 순간 다시는, 두 번 다시는 엄마와 이모의 마음을 아프게 해서는 안 된다고 생각했습니다. 하늘이 두 쪽이 나도 해서는 안 될 일이었습니다.

다음날, 학원을 마치고 집에 돌아오니 불이 켜져 있었습니다. 선우는 발걸음을 빨리했습니다. 이런 일은 자주 없었습니다. 엄마가 올 시간이 아니었습니다. 더구나 이모는 아침 일찍 졸업여행을 간 것입니다.

열린 현관문을 통해 고모의 목소리가 들렸습니다. 여간해서는 집에 오지 않는 부산의 고모였습니다. 선우는 순간 걸음을

멈췄습니다.

"4학년이면 다 알아들어. 왜 그렇게 미련해?"

고모가 엄마를 나무라고 있었습니다.

"형님, 그게 아니고……."

"그게 아니긴 뭐가 아니야. 그렇게 마음 졸이고 살면 병 나."

"어떻게 그 얘기를……."

"그렇게 미루다가 한 해 두 해 더 가면 그때는 어떻게 감당하려고. 탁 털어 버려. 내가 못 살겠어. 선우가 보고 싶어도 올 수가 있어야지. 난 선우 얼굴만 봐도 가슴이 떨려."

엄마는 아무 말이 없었습니다.

"내가 아버지한테 얘기할 테니까 그리 알아. 이건 선우 애비도 원하지 않을 거다."

잘은 몰라도 고모는 자신과 아빠에 관한 이야기를 하고 있었습니다.

"벌써 몇 년이야. 우리 이제 웃으면서 살자. 벌써 선우가 눈치를 채고 있을지도 몰라. 요새 4학년이면 자네 머리 꼭대기에 올라앉아 있어."

어렴풋이 짐작이 갔습니다. 선우는 가방을 놓고 조용히 밖으로 나왔습니다. 어두운 아파트 놀이터. 선우는 벚나무 아래 앉아서 현석이의 말을 다시 떠올렸습니다.

현석이는 어디서 그런 말을 들었을까? 현석이의 말이 사실이라면…….

"선우야!"

그때 누군가 선우를 불렀습니다. 수연이였습니다.

"왜 나와 있어?"

사실 수연이한테는 너무 미안했습니다. 선생님에게 벌을 받을 때도 그랬고, 교문에서도 그랬습니다. 선우는 수연이를 바라보며 힘없이 웃었습니다.

"그냥."

수연이가 옆에 앉았습니다.

"지난번엔 미안했어."

수연이는 고개를 옆으로 흔들었습니다.

"지금이라도 필요하면 줄게."

"아니야. 지금은 필요 없어."

수연이가 눈을 동그랗게 떴습니다.

"종기 오빠 안 무서워?"

"안 무서워."

"와! 역시 몸빵파야!"

선우는 알고 있었습니다. 눈치 빠른 수연이가 자신의 마음을 밝게 해 주려고 일부러 큰소리를 내는 것을. 그렇다면 맞장구를 쳐주어야 했습니다.

"그럼, 그까짓 종기 형쯤이야. 헤헤."

"그런데 너 요새 달라졌어."

"응?"

"옛날 너 같지가 않아."

"아니야."

선우는 크게 말했습니다.

"다른 아이들도 다 그렇게 말해. 네가 달라졌다고. 지난번 시험 못 봐서 그래?"

"아니."

"그럼?"

"몰라."

"내가 맞춰 볼까?"

"그래."

"왜냐하면 내년에 미국 갈 생각을 하니까. 친구들하고 헤어져야 되잖아."

하필이면 수연이는 또 아빠 얘기를 하고 있었습니다. 수연이 아빠는 진짜로 독일에서 공부하고 있었습니다. 선우는 멍하게 수연이를 쳐다보았습니다.

"맞지?"

할 수 없었습니다. 선우는 억지 웃음을 지었습니다.

"걱정이 되지. 영어 하나도 모르는데."

"야아, 지금부터 열심히 하면 되지. 너는 뻔뻔스러워서 영어 금방 배울 거다. 우리 아빠가 그러는데 외국 말 배우려면 뻔뻔해야 한대. 몰라도 마구 하다 보면……."

선우는 얼른 수연이를 벗어나고 싶었습니다. 그런데 수연이는 계속 말을 붙였습니다. 교실에서 보았던 수연이

하고는 너무 달랐습니다. 교실에서는 그렇게 얌전하던 애가. 선우는 지은이를 생각했습니다. 지은이라면 모든 걸 털어놓을 수 있을 텐데…….

"넌 아빠한테서 일주일에 몇 번 전화 와?"

"응?"

"난 하루에 한 번씩 전화 와. 우리 아빠는 내 목소리를 듣지 못하면 잠을 못 잔대."

더 이상은 견딜 수가 없었습니다. 그런데도 선우는 일어날 수 없었습니다. 그저 묵묵히 수연이의 말을 들을 뿐이었습니다.

"우리 엄마가 전화비 많이 나온다고 그렇게 잔소리를 해도 소용없어. 지금도 아빠 전화 받고 오는 길이야."

수연이는 아주 신이 나 있었습니다.

"수연아, 너희 아빠는 언제 독일 가셨어?"

선우가 조용히 물었습니다.

"응. 나 2학년 때. 그래도 일 년에 두 번은 나오셔. 방학 때. 너희 아빠는?"

"우리 아빠도 일 년에 두 번은 오셔."

"그럼, 너희 아빠도 학교에서 공부하셔?"

"응? 그렇지."

선우는 마지못해 고개를 끄덕였습니다.

"그런데 별로야. 우리 엄마가 그러는데 공부는 미국에서 해야 된대. 독일은 별로래."

수연이는 알사탕을 빨면서 인상을 찡그렸습니다. 그러더니 선우에게 물었습니다.

"너 미국 가면 나한테 편지할래, 안 할래?"

"해야지. 너한테도 하고, 지은이한테도 하고, 종오한테도 하고……."

그렇지만 선우의 목소리는 힘이 없었습니다.

"순 건성으로."

"정말이야."

"피이, 지은이한테만 하겠지. 난 간다."

여자아이들의 마음은 알다가도 모를 일이었습니다. 그렇게 다정하게 이야기하다가 획 돌아서는 수연이를 바라보며 선우는 멀뚱멀뚱 서 있었습니다. 지은이 얘기는 빼놓을걸. 이래저래 일이 꼬여 가고 있었습니다.

바르게 살아가는 힘_정직

마음의 병

선우는 자신과 싸우고 있었습니다. 이 세상
단 한 사람에게라도 속마음을 털어놓을 수 있다면…….

학교에서 일찍 돌아온 선우는 멍청하게 앉아 있었습니다. 평범한 날이 계속되었습니다. 똑같은 학교생활. 심술쟁이 알람종 때문에 일찍 일어나 밥 먹고 학교에 가서 자습 시간엔 자습, 공부 시간엔 공부, 쉬는 시간엔 쉬고, 점심시간엔 점심을 먹었습니다. 학원에 가서 공부를 하고, 집에서는 컴퓨터 게임을 하거나 숙제를 했습니다. 그러나 그렇게 잘 놀던 친구들과는 아무런 이야기도 하지 않았습니다.

왜 학교를 다녀야 할까?

엉뚱한 생각도 들었습니다.

선우는 컴퓨터도, 텔레비전도 켜지 않고 앉아 있었습니다. 그러다가 문득 엄마가 혼자 안방에서 무언가를 쓰고는 화들짝 놀라던 모습이 떠올랐습니다. 선우는 엄마의 서랍을 뒤지기 시작했습니다. 세금 계산서, 앨범, 가계부, 그러나 선우가 찾으려고 하는 엄마의 일기장은 없었습니다.

선우는 안방에 벌렁 드러누웠습니다. 그러다가 옷장 위에 놓인 두툼한 노트가 눈에 들어왔습니다. 선우는 대뜸 의자를 놓고 올라가 노트를 내렸습니다. 선우는 가슴이 두근거렸습니다. 노트 첫 장에 아빠와 엄마가 나란히 찍은 젊을 적 사진이 붙어 있었습니다. 몇 장을 넘기자 요사이 새로 쓴 엄마의 일기가 눈에 들어왔습니다.

보고 싶은 선우 아빠에게.

선우가 벌써 4학년이 되었어요. 그동안 제대로 키운다고 애썼는데, 공부에 영 흥미가 없어요. 그래도 건강하게 잘 자란답니다. 그런데 당신 유언대로 아직 당신이 하늘나라에 있다는 걸 말하지 못했어요. 도저히 입이 떨어지질 않아요. 하루하루가 힘든 날입니다. 우리 선우도 이제 자랄 만큼 자랐는데……. 어쩌면 선우가 벌써 눈치를 채고 있는지도 몰라요. 그걸 알면서도 내 입으로는 말을 할 수가 없어요. 아버님께서도 이제 선우에게 알릴 때가 되었다고 하네요. 그 문제 때문에 부산 고모님도 다녀가시고, 언제 날을 잡아서 선우에게…….

선우는 엄마의 일기를 더 읽을 수가 없었습니다. 걱정이 사실로 드러난 것입니다. 선우는 두 손으로 얼굴을 감싸 쥐었습니다. 아빠 때문이 아니라 엄마 때문입니다. 없는 아빠를 미국에 있다고 거짓말을 한 엄마. 얼굴이 화끈거렸습니다. 선우는 눈을 감았습니다. 엄마의 얼굴보다 친구들의 얼굴이 먼저 떠올랐습니다. 아빠가 이 세상에 있고 없고의 문제가 아니었습니다.

벌써 짐작은 했지만, 이제 확실하게 아빠가 죽은 것을 알게 된 것입니다. 선우는 눈을 감았습니다. 그리고 곰곰이 생각을 했습니다. 엄마가 받았을 고통, 아빠 이야기만 나오면 희미한 웃음으로 대신하던 엄마. 선우는 가슴이 아팠습니다. 엄마에게는 절대로 먼저 아빠 이야기를 하지 않기로 마음먹었습니다.

선우는 직장에서 돌아온 엄마가 해 준 자장밥을 맛있게 먹고, 입이 찢어져라 웃었습니다. 겨우 자장밥 하나로 그렇게 즐겁게 웃은 것입니다. 선우의 웃음은 자연스럽지 못했습니다. 하지만 엄마는 그것을 알지 못했습니다. 오랜만에 선우가 웃는 것이 너무 기쁘기만 했습니다.

"선우, 좋은 일 있었니?"

"응, 학교에서."

"뭔데?"

"선생님이 나 잘 생겼대."

선우는 또 신나게 웃었습니다.

엄마도 웃었습니다.

"그럼, 우리 선우만큼 잘생긴 청년 있으면 나오라고 해!"

그때 이모가 들어왔습니다.

"어라, 선우 너 어제까지 이슬 맞은 고추 단처럼 처져 있더니 활짝 피었네?"

"엄마가 자장밥을 해 줬거든."

엄마가 좋아하는 쇼 프로그램. 겉보기엔 매일 먹고 노는 날라리 대학생 이모도 좋아하는 프로그램입니다. 모처럼 다 같이 모

마음의 병 **123**

여서 즐겁게 웃었습니다. 선우는 축구를 좋아하지만 이모는 절대로 채널을 양보하지 않을 태세입니다.

"축구도 재미있긴 하지만 오늘은 절대 양보할 수 없지."

이모가 깔깔 웃었습니다.

마침내 엄마와 이모가 좋아하는 쇼 프로그램이 끝났습니다. 선우가 이리저리 채널을 돌리는데, 마침 가난한 아이들이 힘겹게 할머니와 살아가는 모습이 나왔습니다. 얼마 전 상륙한 태풍이 와르르 집을 삼키고, 엄마와 아빠 모두를 잃은 아이가 화면에 보였습니다. 할머니가 그 아이를 안고 울고 있었습니다.

"아이고, 이제 우리는 어디서 사나……."

할머니의 우는 모습을 보니 선우는 자신도 모르게 찔끔, 눈물이 나왔습니다. 엄마는 아예 대놓고 눈물을 흘렸습니다. 이모는 선우를 한 번 흘긋 쳐다보더니 조용히 말했습니다.

"저 사람들에 비하면 우리는 얼마나 행복하게 사는 거냐? 우리에겐 힘든 일을 함께 버틸 가족이 있고, 행복하게 살 집도 있고……. 나중에 선우도 불쌍한 사람을 돕고 살아야 해. 우리는 항상 더불어 살아가는 것이니까. 그리고 아무리 힘든 일이 닥쳐도 희망을 잃어선 안 돼."

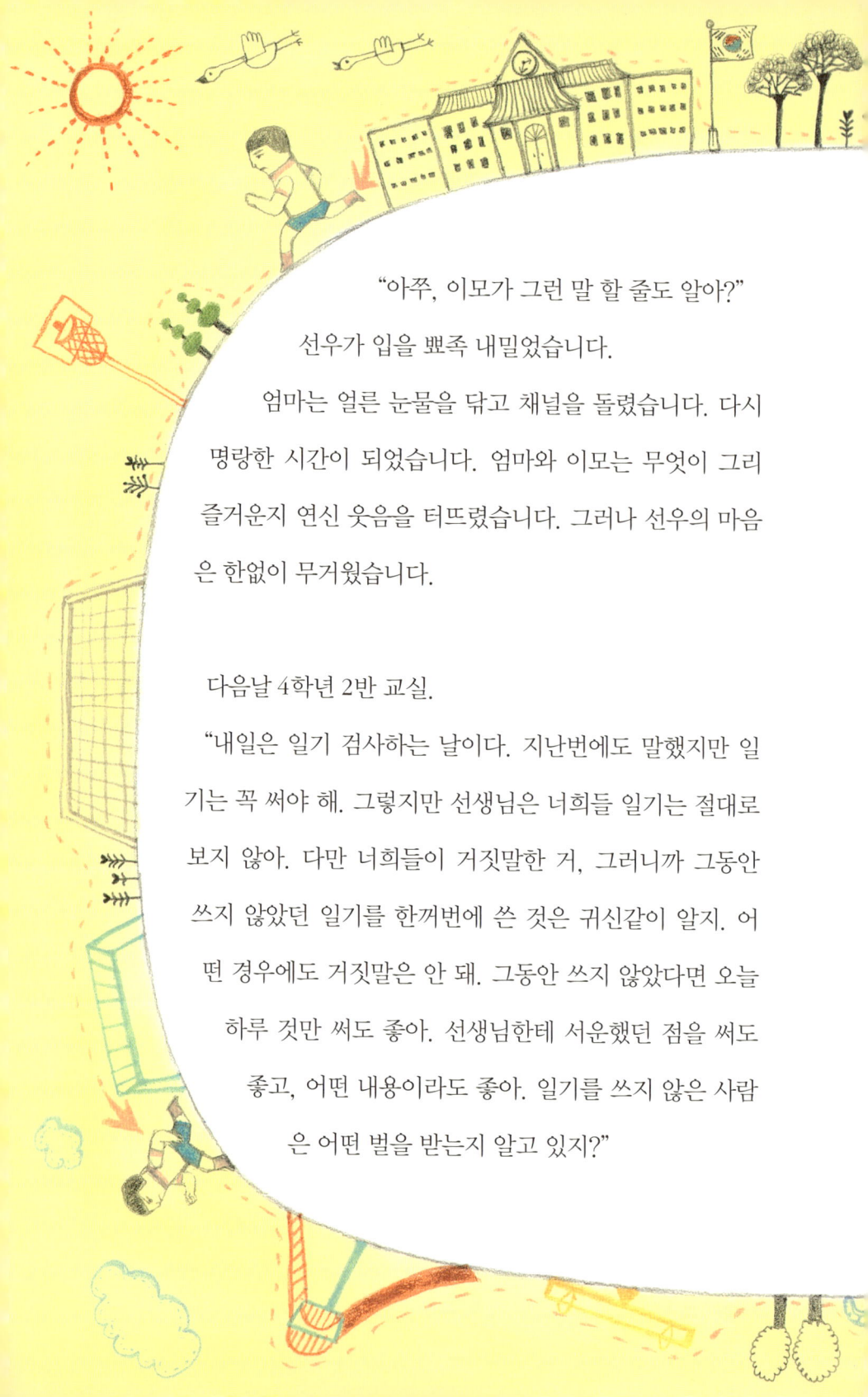

"아쭈, 이모가 그런 말 할 줄도 알아?"

선우가 입을 뾰족 내밀었습니다.

엄마는 얼른 눈물을 닦고 채널을 돌렸습니다. 다시 명랑한 시간이 되었습니다. 엄마와 이모는 무엇이 그리 즐거운지 연신 웃음을 터뜨렸습니다. 그러나 선우의 마음은 한없이 무거웠습니다.

다음날 4학년 2반 교실.

"내일은 일기 검사하는 날이다. 지난번에도 말했지만 일기는 꼭 써야 해. 그렇지만 선생님은 너희들 일기는 절대로 보지 않아. 다만 너희들이 거짓말한 거, 그러니까 그동안 쓰지 않았던 일기를 한꺼번에 쓴 것은 귀신같이 알지. 어떤 경우에도 거짓말은 안 돼. 그동안 쓰지 않았다면 오늘 하루 것만 써도 좋아. 선생님한테 서운했던 점을 써도 좋고, 어떤 내용이라도 좋아. 일기를 쓰지 않은 사람은 어떤 벌을 받는지 알고 있지?"

대부분의 아이들이 제대로 대답을 하지 못했습니다. 일기를 쓰지 않으면 지각을 했을 때와 마찬가지로 운동장 세 바퀴를 돌아야 합니다. 그 큰 운동장을. 선우는 일기 검사하는 선생님이 제일 싫었습니다. 아무리 선생님이라고 해도 남의 일기를 볼 권리는 없다고 생각했습니다.

집으로 돌아온 선우는 머리를 싸매고 앉아 고민을 했습니다. 다른 때는 그냥 몸으로 때웠는데, 지금은 일기장에 쓸 이야기가 너무 많았습니다. 하지만 단 한 번도 속마음을 일기장에 써 본 적이 없었습니다. 밀린 일기를 하루 만에 쓰느라고 했던 수많은 거짓말. 이제는 그런 일기도 쓰기가 싫었습니다.

선우는 망설였습니다. 오늘 하루 일기라도 써야 하는데……. 정말 일기를 쓰고 싶었습니다. 엄마에게 물어보고 싶은 말이 많았기 때문입니다. 하늘에 있는 아빠에게도 할 말이 많았습니다. 그러나 그것을 선생님이나 다른 친구들이 본다면…….

선우는 그냥 운동장 세 바퀴를 돌기로 했습니다. 거짓말은 이제 하기 싫었습니다.

그러나 또 마음이 달라졌습니다. 결국 선우는 일기 대신 선생님에게 편지를 쓰기로 했습니다.

선생님.

저는 일기 검사를 하는 것에 반대합니다. 일기 검사는 사생활

침해입니다. 일기는 하루 동안의 일을 반성하고, 고민이나 비밀을 털어놓는 것이지, 다른 사람이 읽으라고 쓰는 것이 아니기 때문입니다.

물론 선생님들은 일기 검사를 하는 것이 옳다고 생각하실 것입니다. 하지만 그 때문에 저희는 일기장을 두 개 가지고 있는 경우가 많습니다. 하나는 학교 검사용 일기장이고, 하나는 진짜 자신의 비밀 일기장이지요.

2학년이나 3학년 같은 저학년 아이들은 다른 사람에게 일기 보여 주는 것을 대부분 싫어하지 않지만 고학년 아이들은 다릅니다. 자라면서 비밀은 더욱 많아집니다. 그래서 일기장에 비밀이나 짜증나는 일을 다 털어놓게 됩니다. 그런데 그것을 다른 사람이 보게 된다면 기분이 어떻겠습니까?

선생님들이 나쁘다는 것은 아니지만 아이들이 일기를 꾸며 쓰게 하고 싶지 않으시다면 일기 검사를 하지 않으셨으면 좋겠습니다. 일기를 썼는지 안 썼는지 확인만 하고 싶으시다면 숨기고 싶은 일기는 별표를 하게 해서 별표를 한 것은 읽지 않으시면 좋겠습니다. 정말 거짓말은 하기 싫습니다.

4학년 2반 박선우

다음날.

일기 검사를 마친 선생님이 조용히 선우를 쳐다보았습니다. 선우는 고개를 숙였습니다.

"난 놀랐다. 몸빵파 선우가 그렇게 글을 잘 쓰는 줄 몰랐거든. 그래서 생각했어. 선우의 생각이 다 옳은 것은 아니지만 오늘부터 선생님은 이 교단을 떠날 때까지 너희들 일기는 보지 않겠다. 그렇지만 검사는 할 거야. 선우야, 일기는 네가 선생님에게 편지를 쓴 것처럼 너의 마음을 그대로 쓰면 돼. 선우, 100점이다."

아이들이 모두 함성을 질렀습니다. 세상에 태어나서 처음이었습니다. 그런데도 선우의 마음은 밝지 못했습니다. 다른 때 같으면 기쁜 선우의 아우성으로 교실이 난리가 났을 텐데 말입니다.

오후에 교장 선생님이 아이들을 운동장에 모았습니다. 교육청에 갔다 오느라 아침 조례를 하지 못했기 때문입니다. 그 지겨운 조례 하루 빠져도 되는데. 교장 선생님의 말은 꼬리에 꼬리를 물고 이어졌습니다. 몇 가지 당부…… 마지막으로 한 가지 더…… 또 다른 부탁……. 교실에 들어와서도 선생님의 다음 말이 이어졌습니다. 선우는 살살 배가 아파와 책상에 조용히 엎드렸습니다.

"선우야?"

선우가 겨우 고개를 들었습니다. 선우의 얼굴은 하얗게 변해 있었습니다.

"너, 어디 아프니?"

선우는 고개를 흔들었습니다.

"가방 싸라."

"예?"

이제 한 시간만 더 있으면 집에 가는데 선생님이 억지로 선우의 등을 떠밀었습니다.

"너 얼굴 보니까 병원 가야겠다."

선우는 할 수 없이 북적대는 교실을 뒤로 하고 털레털레 운동장을 걸어 나왔습니다. 그런데 아뿔싸, 4학년 주임 선생님이 선우를 불러 세웠습니다.

"너 어디 가?"

"아파서……."

선우가 말을 채 끝내기도 전에 주임 선생님의 무서운 얼굴이 다가왔습니다.

"흐흐흐, 네가 아프다고?"

"예."

"학교 양호실은 뒀다가 국 끓여 먹으려고?"

선생님은 선우를 째려보았습니다.

"……."

"조퇴증 보자."

"그런 거 없는데요."

한 번도 조퇴를 하지 않았기 때문에 조퇴증이 있는 것조차 알지 못했습니다. 선우는 울상이 되었습니다.

"내가 널 못 믿어서가 아니라……. 교무실로 따라온나."

주임 선생님은 빙글빙글 웃었습니다.

교무실에는 다행히 담임 선생님이 있었습니다.

"선우, 쟤 아픈 거 맞습니까? 거짓말 아니에요?"

"아니에요. 장난이 좀 심하지만 거짓말은 안 해요. 안색이 너무 안 좋아서 제가 강제로 병원에 가라고 했습니다."

선우는 선생님의 말씀을 들으며 눈을 감았습니다. 거짓말을 했던 자신의 모습이 떠올랐습니다. 선우는 선생님의 얼굴을 바로 볼 수 없었습니다.

"그래요?"

주임 선생님이 고개를 갸웃거렸습니다. 그러곤 선우에게 다가왔습니다.

"선우야, 네가 이해해라. 조퇴증도 없이 교문을 나서길래 확인해 본 거니까. 괜찮지?"

"예."

대답은 그렇게 했지만 선우는 어쩐지 찜찜하고 기분이 나빴습니다. 남에게 의심당하는 기분. 앞으로 절대 함부로 남을 의심하지 말아야겠다고 생각했습니다.

그런데 정말 배가 너무 아팠습니다. 하지만 선우는 집에 와서도 병원에 가지 않았습니다. 엄마에게 전화도 하지 않았습니다. 그러다가 그만 배가 너무 아파서 데굴데굴 굴렀습니다. 하필이면 이모도 돌아오지 않았습니다.

밤늦은 시간, 집에 돌아온 엄마가 깜짝 놀랐습니다.

"선우야!"

엄마는 선우를 붙들고 울었습니다.

"나 괜찮아."

선우는 아픈 배를 움켜쥐고 간신히 말했습니다.

"빨리 병원에 가자."

엄마는 그야말로 무서운 속도로 차를 몰았습니다.

"괜찮니?"

"응."

"괜찮아?"

"걱정 말라니까."

괜찮다는 선우의 말에도 불구하고 엄마는 연신 물었습니다.

병원 응급실.

다행히 식중독이었습니다. 주사를 맞자 거짓말 같이 배가 나았습니다. 하얗게 질린 엄마의 얼굴이 그제야 정상으로 돌아왔습니다.

"그럴 땐 엄마한테 전화를 했어야지."

"금방 나을 줄 알았어."

그때 놀란 얼굴로 이모가 들이닥쳤습니다.

"넌 뭐하는 애야!"

"……."

"애가 아파서 다 죽어 가는데, 늦게 들어오면 늦게 들어온다고 집에 전화를 해야 할 것 아니야!"

엄마는 사람들이 많이 있는데도 사정없이 이모를 나무랐습니다.

그런데도 이모는 입술을 앞으로 내밀며 생긋 웃었습니다.

"링거 맞은 거 보니까 괜찮지?"

"웃지 마."

그러면서 엄마도 웃었습니다.

"미안, 다음부턴 다시는 이런 일 없을 거야. 그리고 오늘 밤은 내가 지킬 테니까 언니는 들어가."

이모가 엄마에게 아양을 떨었습니다.

"나도 엄마가 있는 거보다 이모가 있는 게 더 좋아."

선우가 거들었습니다.

"거 봐. 선우도 내가 있는 게 더 좋다잖아. 얼른 들어가."

엄마가 선우와 이모를 번갈아 쳐다보며 웃었습니다. 새벽에 일찍 나가야 되는 엄마를 위해 선우와 이모가 떠밀고 있다는 것을 안 것입니다.

"현미 너보다 우리 선우가 더 철들었다."

엄마는 아주 흐뭇하게 선우를 쳐다보았습니다.

"그럼 그렇지. 자기 아들이 최고지, 동생이 무슨 필요가 있겠어?"

이모가 또 입술을 내밀며 삐죽거렸습니다.

"아암, 우리 아들이 최고지. 그러니까 니가 우리 아들 병간호 좀 잘해 주라."

"알았수. 언니의 천금 같은 아들 간호 잘할 테니까 어서 들어가기나 하슈."

엄마는 환하게 웃으며 병실을 나갔습니다.

"이모, 나 며칠 있어야 돼?"

"사흘이란다."

이렇게 병원에서만 있었으면 좋겠다는 생각이 들었습니다.

병원에서의 하룻밤이 지났습니다.

다음날 선우는 일반 병실로 옮겼습니다. 그런데 4인실은 이만 오천 원, 1인실은 무려 칠만 원이었습니다. 그것이 부담스러웠습니다. 선우가 입원한 병실은 4인실이었습니다.

"이모, 너무 비싸."

"넌 그런 거 걱정하지 않아도 돼. 쪼그만 게 별 걸 다 걱정해. 그나마 다행이지."

이모는 환하게 웃으며 핀잔을 주었지만 선우는 마음이 편하지 않았습니다.

한 끼 식대비 육천 원. 아까운 돈. 학교 급식은 싸고 정말 맛있는데……. 멀건 죽은 보기에도 안 좋았습니다. 선우는 학교 급식이 그리웠습니다.

친구들이 왔습니다. 종오하고 현석입니다. 그러나 기다리던 지은이는 오지 않았습니다. 선우는 현석이 얼굴을 볼 낯이 없습니다. 선우는 미안하다는 말도 못하고 현석이를 멀뚱멀뚱 쳐다보았습니다. 선우는 언제부터인가 현석이를 보면 코를 먼저 보는 습관이 생겼습니다. 지금은 현석이의 코가 다 나았는데도 말입니다.

"또 내 코 보냐?"

현석이가 얼굴을 찡그렸습니다.

"그래."

선우가 혀를 내밀었습니다.

"그 꼴이 뭐냐?"

"좋아. 학교 안 가니까. 너도 해 봐."

"바보 같은 소리 말고 얼른 나아."

현석이는 제법 어른 흉내를 내고 있었습니다.

"그런데 선우야, 난 안 보이냐?"

종오가 심통난 소리를 했습니다. 종오는 피자를 들고 있었습니다.

"미안, 현석이 코 보느라고."

선우의 말에 이모도 웃고, 종오와 현석이도 웃었습니다.

"너 없으니까 우리 반이 아주 조용해. 선생님이 너무너무 좋아하셔."

종오가 신이 나서 반에서 일어났던 이야기를 했습니다. 그러곤 자기들이 가져온 피자를 맛있게 먹었습니다.

"역시 피자는 고구마 피자가 좋아."

순식간에 여덟 조각 중에 네 조각을 날름 먹어 치웠습니다. 게다가 현석이는 냉장고에 든 음료수까지 벌컥벌컥. 병문안을 왔는지, 약 올리려고 왔는지 분간이 잘 가지 않았습니다. 얄밉기 그지없었습니다. 그런데도 이모는 종오와 현석이에게 이것저것 먹을 것을 더 내 주었습니다.

"어차피 선우는 당분간 아무것도 못 먹어."

"이모!"

"그러게 왜 아프래!"

선우는 이불을 푹 뒤집어썼습니다. 아랫배가 뜨끔 아파왔습니다.

"야, 미국 가면 이런 피자, 너는 실컷 먹을 수 있잖아."

종오가 약을 올렸습니다.

"그래, 이제 일 년 후면 너는 미국 가잖아."

현석이가 거들었습니다.

"이모, 내년에 선우 미국 가죠?"

이모가 웃으며 고개를 끄덕였습니다.

선우가 얼른 이불을 밀쳐 내며 말했습니다.

"난 미국에 가면 다신 안 온다."

"오지 마라. 우리도 너 보기 싫다."

"이모, 쟤들 빨리 보내."

그리고도 종오와 현석이는 한참이나 떠들다가 갔습니다. 꼭 왔으면 했던 지은이는 안 오고……

종오와 현석이가 돌아가고 난 다음, 그렇게 기다리던 지은이가 왔습니다. 선우는 얼른 점잖게 일어나 앉았습니다. 그 꼴을 보고 이모가 빙긋 웃었습니다.

"괜찮아?"

지은이가 조용히 물었습니다.

"그럼."

선우는 꿀 먹은 벙어리처럼 말이 없습니다.

오늘은 6월 20일. 내년 이날이면 아빠가 미국에서 오는 날입니다. 엄마가 수십 번을 말한. 그러나 그것은 바보 같은 꿈이 되고 말았습니다.

"선우야?"

지은이가 조용히 선우를 불렀습니다.

선우는 까닭 없이 부끄러웠습니다.

"응?"

"너도 아빠 따라 미국 갈 거야?"

"그럼."

지은이에게는 사실대로 털어놓고 싶은데 오히려 선우의 목소리가 높아졌습니다.

"소원이 있지?"

"응."

"걔도 아빠 따라 미국 간대."

"정말?"

소원이는 지은이하고 가장 친한 친구입니다.

"그렇지만 곧 오겠지."

지은이가 고개를 흔들었습니다.

"아주 간대."

"이민?"

지은이가 고개를 끄덕였습니다.

"걱정하지 마. 난 미국서 공부만 끝마치면 돌아올게."

선우는 아주 어른스럽게 말했습니다. 그러나 마음은 괴로웠습니다. 의사 선생님은 식중독이라고 하지만 선우 자신은 마음의 병이라고 생각했습니다. 엄마의 일기를 읽은 날부터 한숨도 자지 못했기 때문입니다. 너무 피곤했습니다. 선우는 종오의 답안지를 보고 쓸 때처럼 자신과 싸우고 있었습니다. 단 한 사람에게라도 속마음을 털어놓을 수 있다면…….

같은 병실에 있는 아저씨와 할아버지는 드르렁드르렁 코를 골며 잘 잤습니다. 하지만 선우는 잠을 이루지 못했습니다.

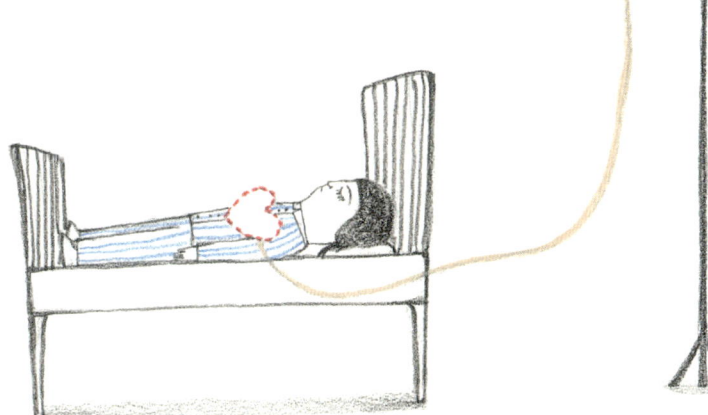

밤 12시. 일찍 자고 일찍 일어나야 할 대한민국의 어린 새싹이 아닌가? 다시 잠을 청해 보지만, 한 번 저 머나먼 별나라로 기차 타고 가 버린 잠은 다시 돌아오지 않았습니다. 이모는 지쳤는지 앉아서 자고 있었습니다. 이모는 선우가 병원에 입원한 후 꼼짝도 않고 선우를 간호하고 있었습니다.

애인하고 약속도 있을 텐데. 이모가 불쌍했지만 한편으로는 얄밉기도 했습니다. 지은이가 그렇게 더 있다가 간다는데도 늦었다며 기어이 일찍 보내 버렸기 때문입니다.

선우는 몰래 육백 원을 들고 밖으로 나갔습니다. 자판기에 동전을 넣고 음료수를 뽑아 마셨습니다. 의사 선생님이 청량음료는 절대 먹지 말라고 했는데. 선우는 창밖을 바라보며 아빠를 생각했습니다.

정말 아빠는 돌아올 수 없을까? 선우는 아빠가 돌아가셨다는 것이 믿기질 않았습니다. 이 모든 것이 꿈만 같았습니다. 아침이면 휴, 한숨을 내쉬면서 깨는 아주 나쁜 꿈.

언제 왔는지 엄마가 뒤에 서 있었습니다. 엄마의 눈가가 젖어 있었습니다.

"우리 선우 꼭 어른 같다."

"엄마."

웬일인지 엄마는 음료수를 마시는 선우를 야단치지 않았습니다. 선우는 엄마의 얼굴을 바라보았습니다. 하고 싶은 말이 목구멍까지 올라왔습니다. 그러나 아빠에 대해서 아무것도 물어볼 수 없었습니다. 말하지 못하는 엄마의 고통을 잘 알고 있기 때문입 니다.

"서 있는 것이 아빠하고 똑같구나."

"응? 언제 퇴원해도 된대?"

"내일."

"어휴."

"난 네가 아픈 줄도 모르고……. 내 일에만 바빴다니까."

"또 까?"

선우는 인상을 찡그렸습니다. 엄마의 얼굴색이 좋지 않았습니다. 선우는 마음이 아팠습니다. 항상 새벽에 나가서 밤늦게 들어오는 엄마. 얼굴색이 좋을 리가 없었습니다. 선우는 누구보다도 엄마의 고생을 잘 알고 있었습니다. 그래서 아빠의 얘기를 더 꺼낼 수가 없었습니다. 선우는 이제 4학년이 아니라 5학년, 아니 6학년 형이나 누나들보다 몇 배나 철이 들었습니다. 이제 몸빵파는 아주 옛날의 일이 되고 말았습니다.

"얼른 집에 가."

엄마가 선우의 머리를 비볐습니다.

"내가 널 혼자 놔둬서."

"아니야, 엄마. 학교 급식이 안 좋았나 봐."

엄마가 고개를 흔들었습니다.

"내가 너한테 너무 소홀했어. 의사 선생님이 요 며칠 너한테 무슨 일 없었냐고 물어보더라. 축제 때 못 가서 정말 미안하다. 식중독이긴 하지만, 스트레스를 많이 받아서 그렇대."

엄마는 축제 때문에 선우가 병이 난 줄 아는 모양입니다.

"그때 내가 속이 좀 상했나?"

선우는 일부러 그렇게 말하고 뒤돌아섰습니다.

정말 선우는 옛날의 선우가 아닙니다.

숙제  정직한 인물 조사하기

| 검색 | 간디, 죄책감 때문에 자신의 잘못 고백해 |

마하트마 간디는 열두 살 무렵에 동전을 훔쳤고, 열다섯 살 무렵에 형의 팔찌에서 금붙이 한 조각을 훔쳤다. 아버지는 그것을 알고, "이 세상에서 가장 나쁜 것은 자신에게 거짓말을 하는 것이다. 너는 자신에게 정직할 수 있느냐?"고 간디에게 물었다. 간디는 아버지의 물음에 불쑥 그렇다고 말해 버렸다.

그 후 간디는 죄책감에 계속 시달렸고 결국 아버지에게 편지로 자신의 잘못을 고백했다. 아버지는 그 편지를 읽고 눈물을 흘리고는 그 편지를 찢어 버렸다. 아버지의 눈물과 편지를 찢은 행동에서 간디는 용서의 메시지를 읽을 수 있었다. 그날 이후로 간디는 평생 아버지의 눈물 속에 담긴 사랑을 생각하며 바르게 살아 위대한 지도자가 되었다.

간디도 나처럼 괴로웠을까? 나에게 거짓말을 한 엄마도 간디처럼 괴롭겠지?
세르반테스의 "정직은 최상의 방책이다"라는 말이 생각난다.
난 이제 어떻게 해야 할까?

• 정직 넷 •

사랑하는 마음을 갖는 것

사랑이 없는 사람은 내게 속은 사람, 나로 인하여
실망하는 사람들의 그 아픈 마음을 생각하지 못합니다.
그래서 사랑이 없는 사람들은 정직할 수가 없습니다.
반면에 사랑이 많은 사람은 절대로 거짓을 행하지 않습니다.

선우는 엄마와 아빠의 사랑, 그리고 친구들의 배려를 알았습니다.
선우는 이제 정직의 중요성을 깨달았을까요?

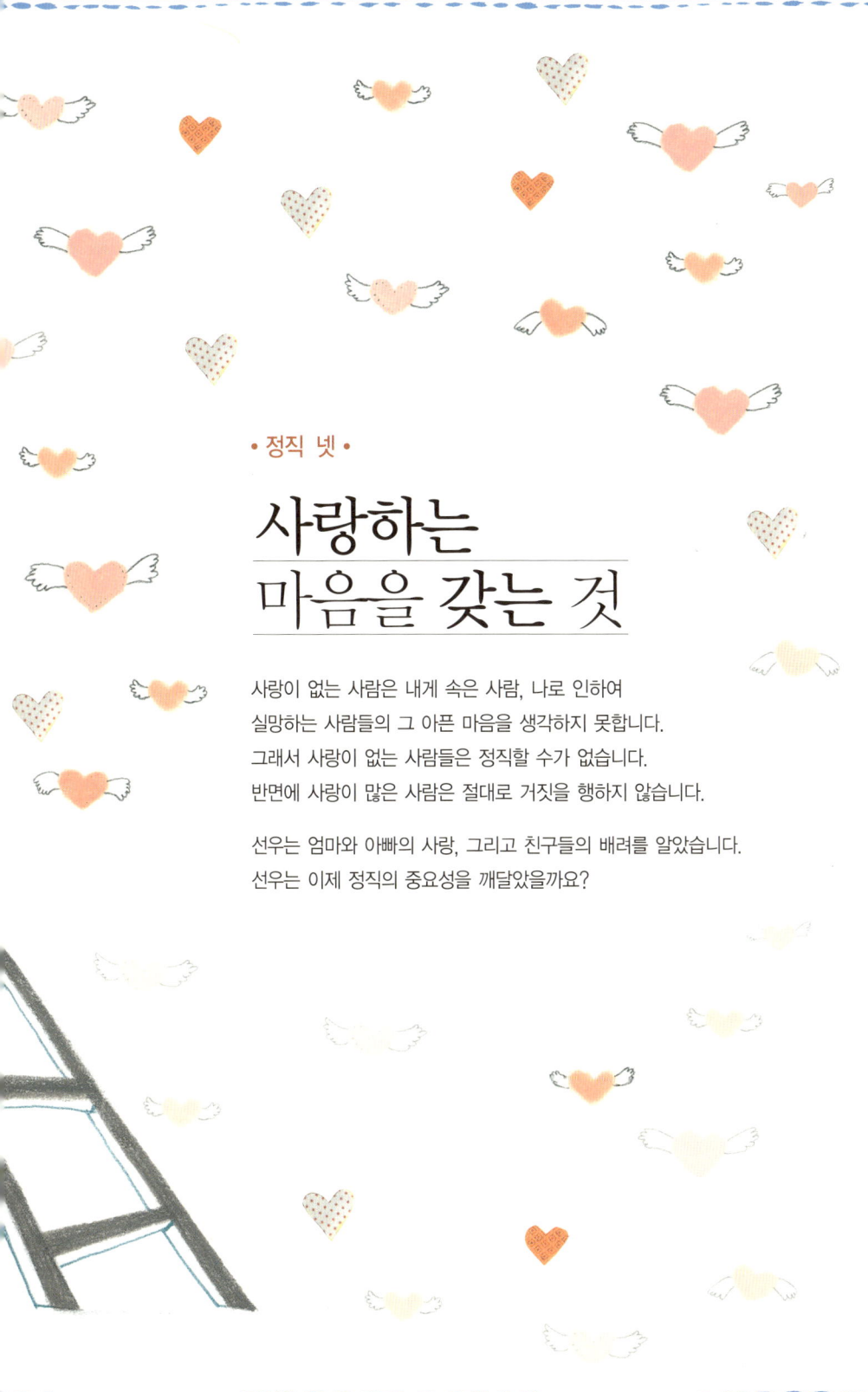

바르게 살아가는 힘_정직

아빠가 보낸 뉴욕 엽서

야, 그 엽서 가지고 싶으면 너희들 다 가져.
난 또 아빠한테 보내라고 하면 되니까!

일주일 뒤.

수업이 끝나자마자 선우는 전철을 탔습니다. 혼자서는 처음 타는 전철입니다. 선우는 엄마가 너무 보고 싶었습니다. 어제 문을 잠그고 끝끝내 방문을 열어 주지 않은 것이 마음에 걸렸습니다. 병원에서 퇴원한 지 얼마 되지도 않았는데 엄마는 매일 늦었습니다. 학교에 갈 때에도, 학교에서 돌아와도 엄마는 없었습니다. 그래서 심통을 부렸던 것입니다.

그러나 오늘 선우는 너무 기뻤습니다. 엄마가 꿈나무 축제 학부모 문예 경연 대회에서 최우수상을 탔기 때문입니다. 엄마가 얼마나 기뻐할까를 생각하니 가슴이 마구 뛰었습니다. 엄마가 상을 탔지만, 선우가 대신 전교생이 보는 앞에서 교장 선생님의 상을 받았습니다. 선생님도 선우의 머리를 쓸어 주었습니다. 교무실로 가는 학교 현관 앞에는 엄마가 쓴 시 〈별〉이 멋지게 전시되어 있었습니다.

별

가령
너희 엄마와 아빠가 죽어
하늘의 별이 되었다고 하자
그러면 항시 너희들의 밤과 낮을 지키겠지
우리들의 눈에는 오로지 너희들만 보일 테니까

그러나
너희들이 그 수많은 별들 중에
과연 우리를 알아볼 수 있을까?

한두 번쯤은 하늘을 향해 고개를 들겠지만

　　세 번째쯤이면 고개를 땅으로 내려 꺾겠지

　　너희들 엄마 아빠가 그랬던 것처럼

　선우는 엄마의 얼굴을 떠올렸습니다. 알림장에 엄마가 써 준 것을 그대로 선생님에게 제출하고 까맣게 잊고 있었는데 상을 받은 것입니다. 가방에 근사한 상장을 챙긴 선우는 들떠 있었습니다. 수업을 받는 중에도 줄곧 엄마가 생각났습니다. 물론 아빠도 생각났습니다. 그러나 아빠의 얼굴은 자세하게 그려지지가 않았습니다.

　꼭 일곱 정거장째가 노량진역이었습니다. 선우는 노량진역에서 내린 후 역무원 아저씨에게 물어 수산 시장을 찾아갔습니다. 수산 시장 앞마당은 어마어마하게 넓었습니다. 선우는 엄마가 근무하는 관리소 쪽으로 걸음을 옮겼습니다.

　"이정희 씨라고 아세요?"

　"이정희 씨?"

모자를 쓴 관리소 아저씨가 고개를 갸웃거렸습니다.

"수산 시장 관리소에 근무하세요."

"그런 이름을 가진 사람은 없는데."

"여기 오래 다녔어요."

"너희 엄마니?"

"예."

"우리 관리소엔 이정희 씨란 분은 없는데……."

그때였습니다. 금방 관리소 문을 열고 들어온 아저씨 한 명이 선우를 물끄러미 쳐다보았습니다.

"얘가 그 아주머니하고 닮은 것 같지 않아?"

"누구하고?"

"입구에서 좌판하시는 아주머니!"

"오라, 그러고 보니……. 너 개봉동 살지?"

영문을 모르는 선우가 고개를 끄덕였습니다.

아저씨가 선우를 데리고 관리소를 나왔습니다.

"저기 오른쪽 빨간 페인트를 칠한 건물 보이지? 저기가 입구다. 그 안에 들어가면 엄마가 있을 거다."

선우는 꾸벅 아저씨에게 인사를 하고 달리기 시작했습니다. 드

디어 수산 시장이라고 쓰인 곳에 다다랐을 때, 선우는 그냥 멈춰 설 수밖에 없었습니다. 엄마의 모습이 보였습니다. 그러나 선우는 달려갈 수가 없었습니다.

관리소에서 근무한다던 엄마가 칼을 들고 부지런히 생선을 토막 내고 있었던 것입니다. 엄마의 좌판 앞에 손님이 몇 사람 있었습니다. 선우는 자신도 모르게 주춤 물러섰습니다. 엄마가 생선 장사를 하는 줄은 꿈에도 모르고 있었던 것입니다. 왈칵 눈물이 쏟아졌습니다. 크고 거친 엄마의 손이 자꾸 어른거렸습니다.

선우는 앞으로 가지도 그렇다고 돌아가지도 못하고 그냥 그 자리에 서 있었습니다. 눈물이 자꾸 흘러내렸습니다. 선우는 창피한 것도 모르고 그냥 서서 울었습니다. 사람들이 이상한 듯 쳐다보았습니다. 그래도 선우는 움직일 줄 몰랐습니다.

시간이 얼마나 흘렀을까? 선우는 고무판 앞치마를 두르고 생선을 자르는 엄마의 옆모습을 바라보며 천천히 발걸음을 옮겼습니다. 아빠가 원망스러웠습니다.

다시 전철을 타고 돌아오는 길. 선우는 아무 생각도 할 수 없었습니다. 엄마가 너무 불쌍했습니다.

집에 돌아온 선우는 숙제를 다했습니다. 저녁도 먹고 설거지까지 마쳤습니다. 엄마는 다른 날보다 일찍 돌아왔습니다. 엄마를 보자 다시 눈물이 비어져 나왔습니다. 그러나 선우는 엄마에게 눈물을 보이지 않았습니다. 그리고 조용히 상장을 내밀었습니다. 엄마는 놀란 입을 다물지 못했습니다. 선우는 엄마와 아무 말도 하지 않았습니다. 말을 하면 금방 울음이 터질 것 같았기 때문입니다.

다음날.

4학년 2반 교실이 왁자지껄했습니다. 현석이가 떠들고 있었습니다.

"야, 미국 학교는 숙제가 없대."

"정말이야?"

"이 세상에 그런 학교가 어디 있냐?"

아이들은 저마다 떠들며 까불었습니다.

"선우야, 너 어디 가?"

철진이가 물었습니다.

"응?"

"미국, 어디 가냐고?"

선우는 망설였습니다. 아이들에게 다 말해 버리고 싶었습니다. 그러나 그럴 수는 없었습니다. 여태까지 아빠를 얼마나 자랑했는데. 선우는 마음과 다르게 큰소리로 읊었습니다.

"뉴욕."

"아빠가 거기 계시는 거야?"

"응."

"그런데 지난번엔 로스앤젤레스라고 하지 않았어?"

속없는 철진이는 자꾸 물었습니다.

"아니야. 왔다 갔다 해."

선우의 말이 왔다 갔다 했습니다.

"엄마하고 같이 가는 거야?"

"그렇지."

선우의 목소리는 점점 높아졌습니다. 기왕 이렇게 된 것, 물러설 수가 없었습니다. 선우는 앞으로 더 나갔습니다.

"빨리 오라고 아빠가 하루 한 번씩 전화한다."

"우와, 좋겠다."

그때 수연이가 다가왔습니다.

"이거, 우리 아빠가 하이델베르크에서 보낸 엽서다."

수연이가 내민 엽서에는 숲속에 둘러싸인 하이델베르크 성이 아름답게 찍혀 있었습니다. 아이들이 탄성을 질렀습니다.

"백설공주와 일곱 난쟁이 이야기가 여기서 시작되었대."

"정말?"

"그럼, 이 숲속에는 노루하고 사슴이 그냥 뛰어논대."

수연이는 신이 나서 말했습니다.

"그럼, 너도 독일 가냐?"

종오가 부러운 듯 물었습니다.

"난 선우처럼 독일에 아주 가는 게 아니고, 이번 겨울방학 때 놀러 가."

"좋겠다."

아이들이 모두 부러워했습니다.

"철진이는 아빠 따라 일본 가고, 선우는 미국 가고, 이러다가 우리 반 애들 전부 외국 가서 살겠다. 불쌍하게 여기 남아 있는 애들은 뭐냐?"

현석이가 한숨을 쉬었습니다.

"너도 아빠를 잘 두면 되지."

괜스레 선우는 하지 않아야 할 말도 하고 말았습니다.

"그러게 말이다. 나도 집에 가서 아빠더러 외국 가라고 해야겠다. 한국에 아빠 둔 나 같은 가련한 새싹은 어디다가 이 한 몸 의지할꼬."

오락 부장인 예원이의 말에 모두들 한바탕 웃음을 터트렸습니다. 문제는 그다음에 터졌습니다. 수연이가 의기양양한 선우에게 아주 난감한 말을 한 것입니다.

"선우야, 너 내일 아빠한테 온 엽서 모두 가지고 와. 나도 우리 아빠한테 온 엽서 모두 가지고 올게. 우리 아빠가 보낸 엽서는 그냥 엽서가 아니야. 모두 예술이야. 우리나라는 왜 그런 예쁜 엽서를 만들지 못하는지 몰라."

아이들이 박수를 쳤습니다.

"와! 우린 앉아서 하이델베르크도 가 보고, 뉴욕도 가 보자."

선우는 눈앞이 캄캄했습니다. 맞은편에서 웃고 있는 예쁜 수연이의 얼굴이 악마처럼 보였습니다. 인터넷 사이트에 들어가면 세계 각국이 그대로

나오는데 엽서는 무슨 엽서. 그러나 도무지 벗어날 길이 없었습니다. 선우는 내일 일은 내일 생각하자고 결심했습니다. 선우는 억지로 싱긋 웃었습니다.

"그거 좋지. 세계 제일의 도시가 뉴욕인데, 있는 것 다 가지고 올게."

큰소리를 치긴 했지만 교실 천장이 노랬습니다. 아이들은 또다시 박수를 쳤습니다. 집으로 돌아오는 길에 선우는 친구들 몰래 가까운 책방을 들렀습니다. 그러나 예상대로 뉴욕에서 나온 엽서는 없었습니다. 설령 엽서가 있다고 해도 아빠가 쓴 편지가 있어야 하는데…….

선우는 머리를 굴리고 굴렸습니다. 일단 뉴욕에서 나온 엽서만 구한다면 위기를 모면할 수는 있을 것 같았습니다. 어디에 가면 구할 수 있을까 생각하다가 문득 영문과 졸업반인 막내 이모를 떠올렸습니다. 집에 돌아온 선우는 즉시 이모에게 전화를 걸었습니다.

"이모, 뉴욕에서 나온 엽서를 구하지 못하면 난 죽어. 그러니까 오늘 저녁때까지 구해 줘."

선우는 이모가 집에 돌아오길 초조하게 기다렸습니다. 죽는다고까지 했으니 틀림없이 이모가 엽서를 구해 올 것이라고 생각했습니다. 지난 축제 때를 제외하면 이모는 선우의 바람을 저버린 적이 없었습니다. 그러나 밤늦게 돌아온 이모는 빈손이었습니다. 선우는 이모의 얼굴을 제대로 보지도 않고 자기 방으로 들어가 버렸습니다.

그때 이모의 목소리가 들렸습니다.

"선우야, 내일은 구해 줄 수 있어."

선우는 울고 싶었습니다. 내일 어떻게 학교에 간다? 선우는 몸이 아프다는 핑계로 결석을 할까도 생각했습니다. 그러나 멀쩡하던 몸이 갑자기 아플 수는 없습니다. 선우는 또 머리에 머리를 굴렸습니다. 하지만 방법이 없었습니다.

선우는 밤새도록 끙끙대며 아빠가 보낸 편지를 썼습니다. 자신이 할 수 있는 온갖 지혜를 다 짜냈습니다. 썼다가 지우고, 다시 썼다가 지우고 그렇게 홀딱 밤을 새웠습니다. 인터넷 사이트 이곳저곳을 뒤져서 드디어 번듯한 한 장의 편지를 프린트할 수 있었습니다. 인터넷 카페에서 따온 아빠의 편지를 나름대로 고친 것입니다. 선우는 자신이 쓴 편지를 읽고, 또 읽고는 슬픔에 잠겼습니다. 정말로 아빠가 쓴 편지 같았기 때문입니다.

다음날.

아이들은 한껏 기대에 부풀어 있었습니다.

어제부터 악마로 변한 수연이의 얼굴이 가장 먼저 다가왔습니다.

"가져왔어?"

"아니, 우리 엄마가 어디에 놔뒀다고 하는데 내일 준대."

선우는 일부러 아무렇지도 않게 말하려고 애썼습니다.

"에이!"

아이들이 실망스럽게 선우를 쳐다보았습니다. 다행히 아이들의 눈은 수연이가 가지고 온 수많은 엽서에 가 있었습니다. 정말 대단한 엽서였습니다. 접으면 그림책이 되는 엽서도 있었습니다. 푸른 강과 산, 아름다운 숲, 그리고 불 밝힌 성까지. 뒷면엔 수연이에게 보내는 수연이 아빠의 편지가 빼곡히 적혀 있었습니다.

아이들은 저마다 엽서를 들춰 보고는 부러운 눈길로 수연이를 쳐다보았습니다. 그렇지만 선우는 수연이의 엽서를 볼 수가 없었습니다. 선우는 꿀 먹은 벙어리처럼 아무 말도 하지 못하고 가만히 앉아 있었습니다.

"내일은 꼭 가져올 수 있지?"

수연이가 또 달라붙었습니다.

"그렇대도."

선우는 기어이 심통을 부리고 말았습니다. 죽을 노릇이었습니다. 내일 이모가 엽서를 구해 온다고 했지만 믿을 수도 없었고, 설령 구해 온다고 해도 하이델베르크의 엽서처럼 예쁠 수는 없었습니다.

선우는 눈을 감았습니다. 엄마, 아빠, 할아버지가 원망스러웠습니다. 처음부터 솔직하게 말했다면……. 아빠 편지를 밤새도록 쓰기는 했지만 아이들에게 그걸 보여 줄 생각은 없었습니다. 더 이상 거짓말을 할 수는 없었던 것입니다. 선우는 세상에서 가장 길고 힘든 하루를 보냈습니다.

그런데 그런 선우의 풀 죽은 마음이 단번에 변하는 일이 벌어졌습니다. 선우가 어깨를 늘어뜨리고 집에 왔을 때 이모가 생글생글 웃었습니다. 선우는 힐끗 이모를 쳐다보았습니다.

"이걸 보면 달라질걸."

이모는 한 꾸러미의 엽서를 내밀었습니다. 선우는 마지못해 엽서를 받아들었습니다. 그리고 건성으로 살폈습니다. 우와! 뉴욕의 아름다운 밤 풍경, 뾰족뾰족 솟은 건물들, 유엔 본부를 비롯한 뉴욕의 명소들이 모두 엽서에 들어 있었습니다. 선우는 자신도 모르게 이모를 향해 돌진했습니다.

"이모, 고마워!"

그런데도 이모는 그 엽서가 왜 필요한지 한마디도 묻지 않았습

니다. 선우가 말하지 않아도 이모는 이미 선우가 처한 상황을 잘 알고 있었던 것입니다. 선우는 자신을 안고 있는 이모의 눈에 눈물이 고인 것을 모르고 있었습니다.

다음날.
교실은 온통 난리가 났습니다.
"아빠가 보낸 편지는 보여줄 수가 없지. 그건 내 사생활이거든. 그 대신 우리 아빠가 뭉텅이로 보낸 이 엽서를 봐라!"
선우는 한껏 큰소리를 쳤습니다.
아이들 누구도 선우를 의심하지 않았습니다.
"좋겠다!"
"멋지다!"
이곳저곳에서 선우를 부러워하는 소리가 들렸습니다. 선우는 빙글빙글 웃었습니다.
"야, 그 엽서 가지고 싶으면 너희들 다 가져. 난 또 아빠한테 보내라고 하면 되니까!"
아이들이 함성을 질렀습니다.
방학이 될 때까지 선우는 줄곧 아빠를 자랑삼았습니다. 그렇지만 선우의 속마음은 까맣게 타들어 갔습니다. 언제까지나 친구들에게 거짓말을 할 수 없다는 것을 알고 있기 때문입니다. 그나마 다행인 것은 친구들과 만나지 않아도 되는, 더 이상 거짓말을 하지 않아도 되는 방학이 코앞에 있다는 것이었습니다.

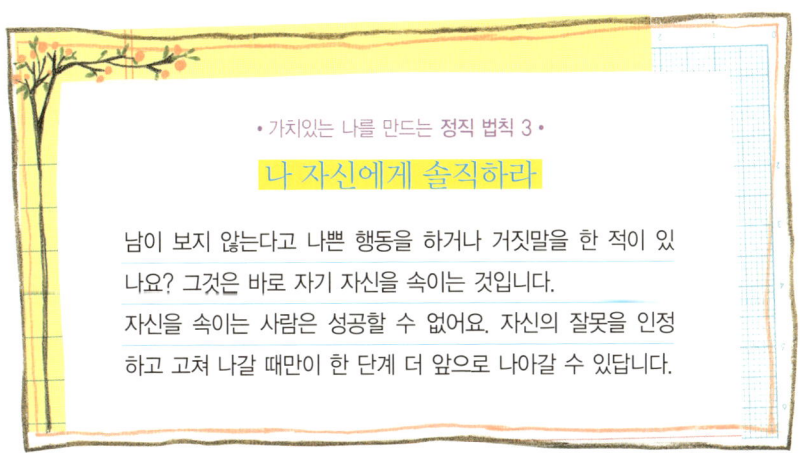

• 가치있는 나를 만드는 정직 법칙 3 •
나 자신에게 솔직하라

남이 보지 않는다고 나쁜 행동을 하거나 거짓말을 한 적이 있나요? 그것은 바로 자기 자신을 속이는 것입니다.
자신을 속이는 사람은 성공할 수 없어요. 자신의 잘못을 인정하고 고쳐 나갈 때만이 한 단계 더 앞으로 나아갈 수 있답니다.

바르게 살아가는 힘_정직

세상에서 가장 아름다운 아빠

말을 마친 할아버지가 선우의 얼굴을 감싸는 순간,
선우 역시 두 손으로 자신의 얼굴을 감쌌습니다.

방학이 끝나고 있었습니다. 그나마 방학 때는 괜찮았는데 학교에 갈 생각을 하니 선우는 체한 것처럼 가슴이 답답해졌습니다. 이제 아이들을 또 어떻게 만나지? 선우의 얼굴은 점점 야위어 갔습니다. 까닭 없는 신경질도 늘었습니다. 개학이 열흘 앞으로 다가왔습니다.

선우는 마지 못해서 책상 앞에 앉았습니다. 마음 같아서는 당장 학교를 그만두고 싶었습니다. 하지만 그것은 꿈도 꿀 수 없는 일이었습니다. 선우는 책상 위 벽에 붙여 둔 숙제 목록을 보았습니다.

> 방학생활 한 권 하기
> 일기 매일 쓰기
> 독후감 세 편 이상 쓰기
> 글짓기 한 편 써 오기
> 만들기 한 점 해 오기
> 방학 동안 경험한 일 그림으로 그려오기

그렇지만 방학 동안 선우가 한 것은 고작 방학생활 한 권 한 것이 전부입니다. 숙제 없는 나라에서 살고 싶었습니다. 다른 것은 할 수 있는데, 문제는 일기였습니다.

그래도 방학 첫째 주까지는 일기를 안 써도 달력에 날씨는 기록했는데, 그 다음이 큰일이었습니다. 일기 때문에 선생님한테 무지막지한 칭찬까지 들었는데……. 기상청에 전화를 해 볼까? 그런 생각으로 인터넷 사이트를 이리저리 돌아다니고 있는데 뜻밖에도 어느 사이트에서 다음과 같은 글귀가 눈에 띄었습니다.

"전국에 있는 초등학생 여러분들, 기상청에 전화 걸지 말고 잘 보고 적으세요. 〈우리 꾸러기〉 사이트에서 지난 방학 동안의 날씨를 알려 드리겠습니다."

얼마나 고맙던지. 우와, 선우는 사이트에서 알려 주는 날씨를 재빠르게 또박또박 적었습니다. 그러나 도무지 쓸 내용이 없었습니다. 늘 그날이 그날이었습니다. 아침에 일어나서 혼자 밥 먹고 학원 가고 컴퓨터 게임을 했습니다. 더구나 선우는 친구들과도 어울리지 않았기 때문에 늘 하루가 똑같았습니다. 거짓 일기는 정말 쓰고 싶지 않았습니다. 선우는 결국 일기를 포기했습니다.

몸도 지치고 마음도 지친 날들이 지나갔습니다. 빨리 자야 하는데 잠도 오지 않았습니다. 초등학교 3학년 때까지는 그래도 놀기 좋았는데 4학년이 되고부터는 확실히 달라졌습니다. 해야 할 공부는 왜 그리 많은지. 선우는 처음으로 문구점에서 파는 〈다달

학습〉과 〈이달학습〉이라는 문제집을 사서 풀었습니다. 동화책과 《삼국유사》도 읽었습니다.

그러나 그것은 공부를 하기 위해서가 아니라 아빠 문제를 잊기 위해서였습니다. 거짓말한 것이 탄로 난다면……. 손가락에 군살이 생길 정도로 선우는 열심히 숙제와 공부를 했습니다. 그렇지만 선우의 걱정은 사라지지 않았습니다.

이제는 몸빵파의 두목으로 명성을 날리던 명랑한 선우가 아니었습니다. 전과 같이 아이들과 어울릴 수도 없었고, 엄마, 이모와도 서먹서먹해졌습니다. 되돌릴 수가 없었습니다. 어떻게 수습해야 하나. 아무리 속인다고 해도 앞으로 일 년 후면 모든 것이 밝혀질 텐데…….

그것뿐만이 아니었습니다. 벌써 알고 있는 아이들이 있을지도 모를 일이었습니다. 선우는 다시 현석이의 말을 떠올렸다가 고개를 흔들었습니다. 마치 자신이 어느 다리에서 주워 온 아이 같은 느낌이 들었습니다. 우리 엄마는 정말 우리 엄마일까? 선우는 그런 바보 같은 생각까지 했습니다.

그래서였는지 엄마는 말없이 선우를 차에 태웠습니다. 개학이 내일모렌데 말입니다.

차를 구봉산 중턱에 두고 바람처럼 올라온 할아버지의 집.

"할아버지 말씀 잘 들어야 한다."

엄마는 매정하게도 단 한마디 말만 남기고 떠났습니다. 선우는 찔끔 눈물이 났습니다. 고개 밑으로 멀어져 가는 엄마의 뒷모습을 바라보면서 선우는 손을 흔들었습니다.

"이제 엄마를 졸업해야지."

할아버지는 대뜸 선우가 좋아하는 계곡으로 데려갔습니다.

"엄마가 왜 선우를 여기다 두고 갔을까?"

"예?"

"너는 이 세상에서 누구를 제일 사랑하냐?"

느닷없는 할아버지의 말에 선우는 망설였습니다.

"엄마, 할아버지, 이모……."

그리고 지은이까지 생각하다가 그만 얼굴을 붉히고 말았습니다.

할아버지가 고개를 흔들었습니다.

"아니지. 이 세상에서 네가 가장 사랑해야 할 사람은 바로 선우, 너다."

"예?"

"이제 옷 벗고 목욕하자."

그러나 선우는 옷을 벗지 못했습니다. 주춤거렸습니다.

"우리 재실에 계시는 조상님들은 깨끗한 사람만 받아 주지. 몸이 지저분하면 받아 주지 않는다."

"받아 주지 않으면요?"

"귀신이 잡아가게 놔두지."

선우는 그제야 할 수 없이 옷을 벗고 계곡물로 들어갔습니다. 그런데 놀라운 것은 할아버지도 옷을 모두 벗은 것입니다.

"선우야. 이렇게 모두 벗고 나니까 좋지? 처음엔 부끄러워도 입고 있는 옷을 몽땅 벗어 버리면 얼마나 편한지 모른다."

정말 그랬습니다. 그렇게 편할 수가 없었습니다.

"할아버지는 알고 있지."

"예?"

"너 아빠 때문에 그렇지?"

선우는 아무 말도 하지 못했습니다. 눈물이 쏟아질 것 같았습니다.

할아버지가 긴 한숨을 내쉬었습니다.

"선우 네가 알고 있는 그대로다."

"할아버지?"

"그래. 네 아빠는 이 세상에 없어."

선우는 고개를 숙였습니다.

할아버지의 목소리가 떨렸습니다.

"엄마를 원망하지 마라. 내가 그렇게 하라고 했다."

할아버지는 더 이상 말을 잇지 못했습니다.

목욕을 마친 선우는 방안을 서성거렸습니다. 마음을 잡을 수가 없었습니다.

아빠는 어떻게 돌아가셨을까? 엄마는 왜 그 오랜 세월 동안 솔직하게 말하지 못했을까?

선우는 골똘히 생각하기 시작했습니다.

그때 할아버지가 방문을 열었습니다. 할아버지는 낡은 책 한 권을 선우에게 내밀었습니다.

"지금 읽어 봐라."

"이게 뭐예요?"

"이 할아버지는 이제 우리 선우가 다 자랐다고 생각한다."

선우는 책을 받아들었습니다. 《세상에서 가장 아름다운 이야기》라는 책이었습니다. 할아버지가 나가고 난 다음 선우는 책을 펼쳐 들었습니다.

한 남자가 휴일을 맞아 모처럼 부인과 함께 강 상류에서 한가롭게 낚시를 하고 있었다. 그때 다급한 목소리가 들려왔다.

"살려 주세요!"

"살려 주세요!"

가족들과 물놀이를 왔던 한 아이가 급류에 휩쓸렸던 것이었다. 부모들은 소리를 지르며 발만 동동 구르고 있었다.

그 남자는 그 광경을 보자 뒤돌아볼 겨를도 없이 옷을 입은 채 물속으로 뛰어들었다. 그리고 물속에서 떠내려가는 아이를 붙잡았다. 삶과 죽음이 오가는 절박한 상황이었다. 그는 아이를 안고 물속에서 나오는 데 성공하는 듯 보였다. 하지만 막판에 힘이 빠지면서 끝내 급류를 헤쳐 나오지 못하고 그만 물에 떠내려가고 말았다.

신고를 받고 출동한 119구조대가 두 사람을 구조했을 때는 이미 숨을 거둔 상태였다. 구조할 당시 그 남자는 아이를 꼭 껴안은 채 숨져 있었다. 죽음의 순간까지도 아이를 보호하려 했던 것이었다. 자기 자식도 아닌 한 아이를 살리기 위해 그가 보여 준 용기는 그래서 세상에서 가장 아름다운 이야기로 남게 되었다.

선우는 눈을 깜빡거렸습니다. 눈물이 나올 것 같았습니다. 선우가 힘없이 책상 위에 책을 놓고 긴 한숨을 쉬고 있을 때 다시 할아버지가 들어왔습니다. 선우는 할아버지와 눈을 마주칠 수가 없었습니다.

"선우야, 그 아저씨처럼 훌륭한 어른이 또 있었다."

"예?"

그제야 비로소 선우는 할아버지의 주름진 얼굴을 바라보았습니다.

"경기도 시흥시에 여우고개란 고개가 있다. 그 고갯길에서 세 살 된 아이 하나가 세발자전거를 타고 놀고 있었어. 그곳은 평소에는 차가 잘 다니지 않는 옛날 도로였지. 그런데 기름을 잔뜩 실은 유조차가 그 고개를 올라가지 못하고 뒤로 슬금슬금 밀려 내려오고 있는 게 아니겠어. 아이는 그것도 모른 채 놀고 있었지. 아이를 찾으러 나왔던 아빠가 그것을 발견했을 때는 이미 위험한 상황이었단다. 유조차가 아이와 부딪치려고 하는 순간 아빠는 간신히 아이를 밀어냈어. 아이는 손가락 하나 다치지 않고 살았고, 아빠는 그만 병원에서 죽고 말았지."

선우는 할아버지의 이야기를 들으면서 그 상황을 머릿속에 그려 보았습니다.

"그건 어릴 때 제가 살던 곳의 얘기네요."

"너와 너희 아빠 얘기다."

"......!"

말을 마친 할아버지가 선우의 얼굴을 감싸는 순간, 선우 역시 두 손으로 자신의 얼굴을 감쌌습니다. 울음도, 눈물도 나오지 않

앉습니다. 그 순간 선우의 머릿속은 하얀 도화지였습니다. 할아버지의 눈에 눈물이 쏟아지고 있었습니다.

"그래서 이 할아버지도, 엄마도, 그걸 너에게 말할 수가 없었다. 너무 가슴이 아파서……. 선우야, 너희 아빠는 그런 아빠였다."

다음날.

엄마가 왔습니다. 선우도, 엄마도 말이 없었습니다.

선우와 엄마는 산을 오르기 시작했습니다. 높지는 않지만 보기보다 험한 산입니다. 소나무와 참나무가 울창하게 서 있는 아래편, 그 산 중턱에 무덤들이 몇 개 있었습니다.

다른 산소는 다 비석이 서 있는데 비석이 없는 산소가 하나 있었습니다. 멀리 조그만 아래 마을이 훤하게 보이는 그곳에서 엄마는 발걸음을 멈췄습니다. 그리고 털썩 주저앉으며 선우를 끌어안았습니다. 산소는 가지런히 정돈되어 있었습니다.

"선우야, 이곳에 아빠가 있어."

선우는 고개를 끄덕거렸습니다.

"선우가 초등학교에 들어갈 때까지는 말하지 말라고 아빠가 유언을 하셨어. 선우 마음 다칠까 봐. 그런데 엄마는 선우가 4학년이 될 때까지 말하지 못했다. 엄마, 마음 알겠니?"

"……."

"너도 알고 있었지?"

선우는 눈물을 흘리는 엄마의 품속을 파고들었습니다.

"이제야 말해서 미안해. 엄마는 너에게 항상 죄를 짓는 기분이었어. 그렇지만 이제는 마음 놓고 살 수 있겠다."

그것은 선우도 마찬가지였습니다. 일부러 한 거짓말은 아니었지만 누군가 아빠 이야기를 하면 늘 가슴을 졸여야 했습니다. 그 많은 잠 못 이루던 날들. 엄마 대신 산새들이 울고 있었습니다. 아빠 대신 산소 옆의 억새풀들이 우수수 소리를 내고 있었습니다.

"사실 너희 학교 축제 때 최우수상을 받은 시, 엄마가 쓴 게 아니야. 너희 아빠가 돌아가시기 전에 병원에서 쓴 시다."

"응?"

선우는 멍하니 하늘을 올려다보았습니다. 아무 생각을 할 수 없었습니다. 슬픈 것도 아니고, 슬프지 않은 것도 아니고. 그저 울고 있는 엄마를 바라볼 뿐이었습니다.

바르게 살아가는 힘_정직

별

가령 너희 엄마와 아빠가 죽어 하늘의 별이 되었다고 하자.
그러면 항시 너희들의 밤과 낮을 지키겠지.

서울로 돌아온 선우는 조금도 망설이지 않았습니다. 지은이에게 모든 것을 털어놓았습니다. 지은이가 신우의 손을 꼭 잡았습니다.

"알고 있었어?"

선우가 물었습니다.

"알고 있었지. 3학년 때."

선우는 고개를 푹 숙였습니다.

"그런데?"

"할머니가 절대로 네가 먼저 얘기하기 전에는 말하지 말라고 했어."

"그럼, 너희 식구들도 다 알아?"

"민지만 빼놓고."

그제야 선우는 할머니가 자신의 머리를 쓰다듬으며 하던 말들을 떠올렸습니다.

"미안."

"아니야. 그건 네 잘못이 아니야. 이제 다른 아이들한테도 사실대로 얘기해야지. 그런 훌륭한 아빠가 너희 아빤데."

역시 지은이는 선우보다 어른스러웠습니다.

선우는 고개를 들지 못했습니다.

"종오하고 현석이도?"

꼭 물어보고 싶은 말이었습니다.

"알아."

"……"

선우는 울고 싶었습니다. 알고 있는 것을 감추기 위해서 선우만 만나면 일부러 미국에 있는 아빠 얘기만 하던 지은이와 종오, 그리고 현석이까지 알고 있었다니. 선우는 쥐구멍에라도 들어가고 싶었습니다.

"아이들 초대해."

"응?"

"사실대로 얘기해야지."

선우는 망설였습니다. 엽서까지 보이며 거짓말을 했는데. 정말 자신이 부끄러웠습니다.

"아무도 너 미워하지 않아."

"정말 그럴까?"

"종오하고 현석이가 너 미워해?"

"아니."

"다 그럴 거야. 아마 사실대로 말하면 누구보다도 먼저 종오하고 현석이가 제일로 좋아힐 거야."

선우는 고개를 끄덕였습니다.

"그럼, 내일 너희 집에서 만나자."

지은이가 생긋 웃었습니다. 그러나 선우는 웃을 수 없었습니다.

지은이가 간 후 선우는 방 안을 서성거렸습니다. 말끝마다 아빠 자랑을 했는데 이제 와서 친구들의 얼굴을 볼 자신이 없었습니다. 얼굴이 뜨거웠습니다. 선우는 텔레비전을 켰다가 끄고, 컴퓨터를 켰다가 껐습니다. 책상에 앉았다가 침대에 벌렁 드러누웠습니다. 그러나 다른 방법이 없었습니다.

"선우야?"

늦게 돌아온 엄마가 선우를 불렀습니다. 선우의 얼굴에 불안이라고 씌어 있었습니다. 엄마가 선우에게 다가왔습니다. 엄마는 선우의 얼굴을 감싸 안았습니다. 엄마의 품은 따뜻했습니다.

"선우, 네 잘못은 없어. 다 엄마 잘못이다. 그렇지만 이제라도 친구들에게는 떳떳해야지. 네가 못하면 내가 하마."

선우는 고개를 흔들었습니다.

"다른 방법이 없을 땐 정직한 것이 최선이다. 알지?"

"내가 알아서 할게."

선우는 엄마를 바라보며 억지로 싱긋 웃었습니다.

다음날.

지은이, 종오, 현석이, 수연이 등 친구들이 다 모였습니다. 집에 활기가 돌았습니다. 친구들은 모두 들떠 있었습니다. 선우가 처음으로 친구들을 초대한 것입니다. 먹을 것도 많았습니다. 엄마가 미리 준비한 것들입니다.

"어쩐 일이야?"

수연이가 생긋 웃었습니다.

그러나 선우는 웃을 수 없었습니다. 막상 친구들의 얼굴을 보자 도저히 입이 떨어지지 않았습니다. 선우가 지은이를 쳐다보았습니다.

"그래, 내가 할게."

아이들의 모든 눈이 지은이의 얼굴로 향했습니다.

선우만이 고개를 숙이고 있었습니다.

지은이가 조용히 이야기를 시작했습니다.

"잘 들어. 선우는 여태껏……."

지은이는 차근차근 선우 때문에 교통사고로 돌아가신 아빠에 대해서 이야기했습니다. 그리고 엄마가 선우에게 말할 수 없었던 이야기를 했습니다. 아이들이 훌쩍거렸습니다. 이야기를 하는 지은이도, 그 이야기를 듣는 종오, 현석이, 수연이도 선우를 바라보며 울고 있었습니다.

선우의 뺨에도 주먹만 한 눈물방울이 흘러내렸습니다. 선우는 고개를 들었습니다. 그 순간 죄 없이 죄인으로 살았던 지난날들이 바람처럼 훌쩍 날아갔습니다.

그날 저녁.

선우와 엄마는 거실 벽에 아빠의 〈별〉을 걸었습니다. 온 구봉산 산비탈 과수원을 하얗게 밝혔던 수천수만의 사과 꽃 등불처럼 환한.

별

가령
너희 엄마와 아빠가 죽어
하늘의 별이 되었다고 하자
그러면 항시 너희들의 밤과 낮을 지키겠지
우리들의 눈에는 오로지 너희들만 보일 테니까

그러나
너희들이 그 수많은 별들 중에
과연 우리를 알아볼 수 있을까?

한두 번쯤은 하늘을 향해 고개를 들겠지만

세 번째쯤이면 고개를 땅으로 내려 꺾겠지

너희들 엄마 아빠가 그랬던 것처럼

 작가의 글

세상에서 성공하기 위해 꼭 필요한 인성, 정직!

사람이 정직하지 못하면 학교에서도, 가정에서도 정직당합니다. 가정에서도 정직당하면 많이 서글프죠? 정직합시다. 정직이 밥 먹여 줍니다.

어느 인터넷 유머입니다. 좀 우스운 말이지만 그냥 웃을 수 없는 말이지요. 이 유머처럼 정직하지 못하면 다른 사람에게 인정을 받지 못하며 성공할 수도 없습니다. 정직은 사람들 사이의 관계에서 기본이 되는 가치이기 때문이지요.

이 세상에 아름다운 이름을 남긴 사람 중에 정직하지 않았던 사람은 단 한 사람도 없습니다. 정직에 관한 일화를 많이 남겼던 워싱턴 대통령이나 링컨 대통령 등은 지금도 많은 사람들이 존경하고 있지요.

하지만 우리는 종종 거짓말을 하고 남을 속이게 됩니다. 그만큼 정직하게 사는 것은 힘든 일이거든요.

그렇다면 어떻게 해야 정직하게 살 수 있을까요?

첫 번째로 자기 자신의 행동을 반성해야 합니다. 하루 일과를 정리하며 일기를 쓰는 시간을 가져 보세요. 그 시간만이라도 자신을 돌아볼 수 있다면 우리는 거짓된 행동을 뉘우치고 정직하게 살아갈 수 있을 것입니다. 자신을 되돌아 볼 수 있는 힘, 그것이 바로 정직한 삶에 꼭 필요한 것이지요.

다음으로 자기 자신을 사랑해야 합니다. 자신을 사랑하는 사람은 절대로 남은 물론이고, 자기 자신도 속이지 않습니다. 다른 사람에게 뿐만 아니라 자신에게도 정직할 수 있다면 여러분은 이미 성공한 사람입니다.

어쩔 수 없이 친구들과 자신을 속일 수밖에 없었던 선우, 선우가 겪는 갈등과 슬픔을 통해서 여러분들이 진정한 정직이 무엇인지 알았으면 합니다. 그리고 오늘보다는 내일이 더 정직한 날이 되기를 바랍니다.

지은이 우봉규

어린이 자기계발동화 15

어린이를 위한 정직

초판 1쇄 발행 2009년 4월 1일 초판 21쇄 발행 2021년 12월 13일

글 우봉규 **그림** 이윤선
펴낸이 이승현

편집3 본부장 최순영
교양 학습 팀장 김문주 **편집** 이효원
키즈 디자인 팀장 이수현 **디자인** 김지선

펴낸곳 ㈜위즈덤하우스 **출판등록** 2000년 5월 23일 제13-1071호
주소 서울특별시 마포구 양화로 19 합정오피스빌딩 17층
전화 02)2179-5600 **홈페이지** www.wisdomhouse.co.kr **전자우편** kids@wisdomhouse.co.kr

ⓒ우봉규, 2009

ISBN 978-89-6086-168-8 74800
       978-89-6086-081-0 (세트)

* 이 책의 전부 또는 일부 내용을 재사용하려면 반드시 사전에 저작권자와
  ㈜위즈덤하우스의 동의를 받아야 합니다.
* 인쇄·제작 및 유통상의 파본 도서는 구입하신 서점에서 바꿔드립니다.
* 책값은 뒤표지에 있습니다.
* 이 책의 사용 연령은 8~13세입니다.